実も葉もまるごと

オリーヴのすごい力

健康をもたらす、生命の樹
オリーヴ8000年パワー

小豆島ヘルシーランド株式会社

小豆島ヘルシーランドでは、日本においてオリーブ栽培が本格化した明治時代に「オリヴ」という表記が用いられていたことから「オリーヴ」を正式表記として採用してきました。

なお、本書では「オリーヴ／オリーブ」という2種類の表記を使っています。小豆島ヘルシーランドの著者の文章では原則として「オリーヴ」を使用し、それ以外の著者の文章では「オリーブ」を使用しています。

目次

はじめに――生命の樹オリーヴ８０００年パワー……10

１章　心と体の健康を追求する――オリーヴの基礎知識

心と体の健康のための「３００年続くオリーヴの森」づくり……15
小豆島ヘルシーランド株式会社代表取締役社長
柳生敏宏
人びとに元気と希望を与えるシンボル――樹齢千年のオリーヴ大樹／果実だけではなく「葉」も！――科学が証明したオリーヴの驚異的な力／これからの「未病」対策――「オリーヴと共に生きる」ライフスタイルを提案

生命の樹・オリーヴの可能性を科学する……25
小豆島ヘルシーランド株式会社オリーヴ健康科学研究所所長
岸本憲人
地中海の人びとに心臓病が少ないという調査結果／血流の改善――オリーヴオイルは動脈硬化を防ぐ／オリーヴオイルの香りには食べ過ぎを防ぐ成分も／オリーヴオイルとスキンケア／オリーヴの恵みを余すことなく活用する

小豆島ヘルシーランドの独自製法「乳酸微発酵」とは？……37

正しい鑑定と分類で、品質の良いオリーブオイルを選ぶ …… 39
イタリア政府公認オリーブオイルテイスター／日本オリーブオイルテイスター協会代表理事
長友姫世
オリーブオイルテイスター（鑑定士）とは？　／テイスティングの厳格な国際ルール／高品質なオリーブオイルを生産するポイント

2章　生活習慣病を改善するオリーヴのすごい力

オリーブの恵みをいかした地中海型食生活で、自然治癒力を高める …… 53
医学博士／オリーヴァ内科クリニック院長
横山淳一
地中海型料理はおいしくて体にいい——地元の旬の食材と組み合わせて／パスタ料理は太りにくく糖尿病の食事療法にも最適／オリーブを通じた健康長寿の活動——「食」を通じて心も豊かに

おすすめ！　私のオリーブ活用術　料理編 …… 63

血管年齢を若いままに保つ——オリーブオイルで「香川パラドックス」を実現する …… 65
医学博士／大分岡病院院長
立川洋一
血管年齢の大切さ——日本人の死因の2位と4位は動脈硬化が原因／オリーブオイルには動脈硬化を防ぎ、糖尿病を改善する有効な可能性がある／子どもの頃からヘルシーなオリーブオイルのおいしさに親しんでほしい

3章　健やかな美肌をつくるオリーヴのすごい力

コスメを超えるコスメ——肌を整える理想の美容オイル ……79
美容家／株式会社美・ファイン研究所主宰
小林ひろ美
オリーブオイルを塗って肌がみずみずしく柔らかくなった／「酸化しにくい」という美容オイルとして理想の成分

おすすめ！　私のオリーブ活用術　美容編 ……85

食べる、塗る——植物オイルが健康的な美をつくる ……89
美容オイルコンシェルジュ／一般社団法人日本オイル美容協会代表理事
ＹＵＫＩＥ
オイルを食すことは生きていく上で欠かせない／オリーブオイルの優れた生理調整能力と美肌成分／効果的なスキンケア——オイル美容で大切なのは「鮮度」

4章　毎日の食事に取り入れたいオリーヴのすごい力

体に良くて美しくなるオリーブ料理のレシピ ……99
料理研究家／服部栄養料理研究会会長
服部津貴子
日本の食卓にオリーブオイルを紹介／オリーブオイル料理を広める／いつもの料理に使う上でのポイント／保管の注意点／オリーブオイルを食育に／１００歳以上まで生きる——長寿をつくるオリーブオイル

おすすめ！　私のオリーブ活用術　料理編 ……108

5章　オリーヴと共に生きるライフスタイル

天然のオリーヴ材が香る、健やかな暮らしと住まい …… 121
オリーブオイルソムリエ／小豆島ヘルシーランド株式会社取締役副社長
柳生忠勝
オリーヴ材の家具・雑貨ブランド「ｍａｇｏｋｏｒｏ」にかけた思い／北アフリカのチュニジアへ――オリーヴの木には住宅建材としての可能性も／栽培もするオリーブオイルソムリエとして世界を旅する

移り変わる季節を迎えに行くように、日々の自分の変化を楽しむ …… 131
エッセイスト
岸本葉子
オリーブオイルを食す世界を旅して／心の健康を保つこと――「外相整わば内相自ら熟す」

小豆島ヘルシーランドの紹介

ジ・オリーヴオイルシリーズへの想い …… 142
小豆島ヘルシーランド株式会社代表取締役社長
柳生敏宏

参考文献 …… 158

オリーヴのすごい力

実も葉もまるごと

健康をもたらす、生命の樹
オリーヴ8000年パワー

小豆島ヘルシーランド株式会社

はじめに――生命の樹オリーヴ８０００年パワー

「オリーヴと共に生きる」、そして「オリーヴを究める」。

これは私たち小豆島ヘルシーランドが掲げる、事業の根本理念です。

私たちの会社では、「生命の樹」と呼ばれるオリーヴの恵みをまるごといかした、心と体を健やかにする商品の研究開発・製造・販売を行っています。

オリーヴはモクセイ科の植物で、樹高6～10メートルほどの常緑樹です。乾燥地や荒れ地でもよく育つことから、栽培の歴史はとても古く、人類との関わりは有史以前にさかのぼります。

旧約聖書の舞台の地であるイスラエルで、２０１１～２０１３年に行われた紀元前６０００年の遺跡調査では、オリーヴオイルを入れた壺のかけらが発掘されており、およそ

8000年も前からオリーヴが人びとの生活に恵みをもたらしていたことが証明されました。

オリーヴの実を加熱せずに搾って得られるエキストラバージンオリーヴオイルは、「天然の搾りたてのジュース」と呼ばれます。料理をおいしくし、健康をもたらしてくれる食用油・調味料として、地中海沿岸部を中心に、たいへん古くから親しまれてきました。

さらにオリーヴオイルは食べるだけでなく、肌に塗ることで皮膚を健やかに美しく保つ効能があることも知られています。その木はたいへん長命で、樹齢が数百年におよぶものも珍しくなく、原産地域である地中海沿岸には、3000年、4000年のオリーヴがたくさん残っています。

オリーヴオイルがキリスト教をはじめ宗教的な儀式に用いられ、古代ギリシャのオリンピックで、オリーヴの葉の冠が勝者に与えられてきたのも、人びとが何千年にもわたってオリーヴの持つ神秘的な生命力を崇敬してきたからにほかなりません。

私たちは香川県にある瀬戸内・小豆島で、オリーヴの栽培から、オリーヴを使った化粧品や食品などの製造、販売までを行うとともに、「オリーヴ健康科学研究所」を2016年に設立しました。

そこではオリーヴの持つ不思議な生命力に注目し、最新の科学の光を当てることで、「オリーヴの恵み」を究めて現代人に届けることを目的に、研究を続けています。

日本の家庭でも定番となったオリーヴオイルですが、その本当の「価値」は、食用オイルだけではありません。オリーヴの持つ抗酸化作用や、生活習慣病を予防する力は、実だけでなく、葉や枝、樹皮にも宿っていることが、私たちの最新の研究で明らかになってきました。

本書では、そうした人びとに健康をもたらすオリーヴの「すごい力」について、医療、美容、食、ライフスタイルといった各界のプロフェッショナルの方々にお話を聞かせていただき、わかりやすく解説しています。

オリーヴ（オイル）に関心がある方だけでなく、ご自身およびまわりの人の健康に課題や不安を感じている方に、また健康的な美容や食事に関心のある方、医療やヘルスケアに従事する方に、ぜひ本書を手にとっていただきたいと考えています。

この本を読んでいただければ、「オリーヴと共に生きる」ことのすばらしさを知ると同時に、心も体も自然と一体となって、より健康になる第一歩を踏み出せるはずです。

1章　心と体の健康を追求する――オリーヴの基礎知識

この章では、瀬戸内・小豆島で私たちがひとりでも多くの方々の心と体の健康を願って目指している「３００年続くオリーヴの森」という構想、そして予防医療に注力するオリーヴ健康科学研究所の最新の研究成果をご紹介します。

イタリア政府公認オリーブオイルテイスター（鑑定士）の長友姫世さんには、正しい鑑定と分類の方法とともに、上質なオリーヴオイルの製法の知識について解説いただきました。

心と体の健康のための「300年続くオリーヴの森」づくり

小豆島ヘルシーランド株式会社代表取締役社長
柳生敏宏

「心と体の健康が人間の最も根幹的な幸せ」という想いを深く追求するなかで、私が**「300年続くオリーヴの森」**をつくるという構想を抱くようになったのは、いまから13年前のことです。その年は、気候の不順から、小豆島のオリーヴ収穫量が激減するという事態に見舞われていました。

しかし、私たちの生産するオリーヴオイルを長年愛用してくれるお客様は、全国にいま

す。製品をお届けしないわけにはいきません。

そこで私は、質の高いオリーヴを生産している提携農家を探し、さらにはオリーヴに関する見識と技術を高めるため、小豆島の有志と共にイタリアへと向かいました。視察の旅はイタリア全土、３０００キロにもおよびました。

旅の途中、イタリア・プーリア州のバーリという地域で巡り会ったのが、オリーヴの木々が見渡すかぎり広がる豊かな森の姿でした。

丘の上から見下ろした樹齢３００年以上にもなるオリーヴの樹海には、ちょうど雨が上がったところで、美しい虹がかかっていました。その神秘的な光景を目の当たりにし、深い感動と幸福感に満たされたのです。

バーリの人びとは、オリーヴの実をふだんの食生活にたっぷり取り入れ、その生命力を享受

しながら、健康的で活気にあふれる暮らしを営んでいました。それを見た私は、**「オリーヴの森がもたらす永続的な生命力と共にある健やかな生活を、いつか小豆島で実現したい」**と強く思いました。

人間の何倍もの年月を生きているオリーヴのパワー。その人智を超えた自然の営みと恵みを、土地の人びとが何世代にもわたって受け継いでいる。樹齢３００年の木は、３００年前に誰かがその地に植えたから、そこに存在するのです。

それならば私自身が、３００年後に生きる人びとのために、オリーヴの木を瀬戸内・小豆島に植え続け、生命のバトンがしっかり子孫に受け継がれるように力を尽くそう。そう考えたことが、「３００年続くオリーヴの森」という構想が生まれるきっかけとなりました。

人びとに元気と希望を与えるシンボル――樹齢千年のオリーヴ大樹

オリーヴはたいへん長寿の樹木として知られ、なかには樹齢３０００年という、西暦のはじまり以前から生えている木もヨーロッパにはあります。

次頁の写真をご覧ください。私たちが２０１１年に、スペイン南部のアンダルシア地方

から小豆島へはるばる1万キロの海を越えて移植した**「樹齢千年のオリーヴ大樹」**です。じつは、島に到着したときはほぼ幹だけの姿でした。

ところがその翌年には、島の大地にしっかりと根をはり、大空に枝を広げ、青々とした新芽を芽吹かせ、5年後には約1万5000粒ものオリーヴの実をつけるまでに成長したのです。

2016年からは一般公開もはじめ、現在は、訪れる人びとに元気と希望を与える「オリーヴの島・小豆島」のシンボルとなっています。

オリーヴの持つ大変強い生命力は、すべての植物のなかでも際立っていることから、古くからヨーロッパでは**「生命の樹」**と呼ばれてきた歴史があります。

オリーヴの実を搾ることでつくられるオイルは、昔から香り高い食用油としてさまざまな料理に使われてきました。**継続的な摂取が健康に良いことから、毎朝スプーン1杯のオリーヴオイルを飲む人は、ヨーロッパでは珍しくありません。**

古代フェニキア人が暮らしていた地中海最大の島であるシチリア島では、８００年前の地層から生活の痕跡のなかにオリーヴの花粉が発見されており、当時の人びとがオリーヴと共に暮らしていたことがわかっています。

旧約聖書でもっとも知られる「ノアの方舟」のエピソードでは、大洪水によって世界が海の底に沈んだあとに、漂流する船から放たれたハトが、7日後にオリーヴの枝をくちばしにくわえて戻ってきたという記述が残されています。

ノアはそれによって世界のどこかに、ふたたび陸地があらわれ、生命が育まれていることを知りました。それ以来、オリーヴはハトと共に、平和と繁栄の象徴として、世界中で親しまれてきました。

果実だけではなく「葉」も！――科学が証明したオリーヴの驚異的な力

そうした人類の歴史と共に歩んできたオリーヴですが、**近年の科学的な研究によって、人びとの健康の向上に役立つ驚異的な力を秘めていることが、次々にわかってきています。**

（右）　美容オイル「ジ・オリーヴオイル（小豆島産）」
（左）　オリーヴ葉エキスの健康食品「オリーヴリーフ・エキストラクト　ドリンク」

オリーヴを生活に取り入れ、包括的な健康法として、私たちの暮らしにいかす方法には大きくわけて2つ、「食べる」と「塗る」という方法があります。

そのうち「食べる」ほうでは、オリーヴオイルの摂取が悪玉コレステロールを減らすことが判明しており、糖尿病の改善や心臓疾患、動脈硬化などの病気に良い効果をもたらすことがわかっています。

また「塗る」という用法では、肌の保湿はもちろん、皮脂のバランスを整える作用があります。小豆島ヘルシーランドでは、「ジ・オリーヴオイル」シリーズなど美容のための高品質なオリーヴオイルを製造販売しています。

オリーヴの利用法は、果実とそれを搾ったオイルにとどまりません。**その「葉」や「樹皮」や「枝」にも、他の植物にはない、オリーヴならではの驚くべき生命力がみなぎっている**ことが、小豆島ヘルシーランドのオリーヴ健康科学研究所の分析で次々に明らかになっています（詳しくは25ページ以降の「生命の樹・オリーヴの可能性を科学する」もお読みください）。

オリーヴの葉には、果実よりもはるかに多くのポリフェノールが含まれていることがわかりました。その量は、赤ワインの2・2倍、緑茶の3・3倍にもなります。果実と同様に、鉄分やカルシウム、ビタミンE、オレイン酸、エレノール酸などを含有し、まさに天然の有用成分の宝庫であると言えます。

小豆島ヘルシーランドでは、この葉からエキスを抽出したサプリメントを、「オリーヴリーフ・エキストラクト」という名前で商品化しました。オリーヴ葉エキスは、その健康増進作用から、アメリカ、スペイン、オーストラリアをはじめとする世界中の国々で高く評価されており、これから日本でも大いに普及をはかりたいと考えています。

これからの「未病」対策――「オリーヴと共に生きる」ライフスタイルを提案

現在の小豆島ヘルシーランドでは、スキンケア化粧品としてのオリーヴオイルの生産・販売が中核事業ですが、そのベースには「健康」への思いがあります。**心身が健やかに保たれているからこそ、生物である人間は本来の美しさを保つことができるのです。本物の美しさの前には、必ず健康があります。**

そのため私たちの「300年続くオリーヴの森」構想では、人びとの健康にいままで以上に役立つことができるよう、ヘルスケア事業を拡大していく予定です。

具体的には、予防医療のために食生活やスキンケアにオリーヴを取り入れてもらうための啓蒙と、新製品の開発に力を入れていくと同時に、この瀬戸内・小豆島に、オリーヴと共に健康的な生活を送るための「場」をつくりたいと考えています。

「300年続くオリーヴの森」構想では、樹齢千年のオリーヴ大樹を中心とした総合的なヘルシーランドを創造していきます。

オリーヴの果樹園が近くにある小豆島の海辺に宿泊施設を設置し、お客様にはそこで健康的な生活を数日、すごしてもらうのです。施設には医師や薬剤師、理学療法士などのヘルスケアの専門家のほか、タラソテラピーなど美容の専門家が常駐し、人びとの相談や課題に応じて、適切なアドバイスを行います。

日本の禅を取り入れた心身のリラックス法であるマインドフルネスや、砂浜で自然と一体化するヨガ、睡眠をテーマとしたイベントなども開催したいと考えており、この取り組みは「瀬戸内・小豆島リトリートキャンプ」としてすでにはじまっています。

WHO（世界保健機関）はその憲章のなかで、

「健康とは、病気でないとか、弱っていないということではなく、肉体的にも、精神的にも、そして社会的にも、すべてが満たされた状態のことである。（Health is a state of complete physical, mental and social well-being and not merely the absence of disease or infirmity.）」

という定義をしています。

私は、人は老いたから死ぬのでもなく、病になるから死ぬのでもない、生まれたから死ぬのだとシンプルに考えています。だからこそ生きているということ自体が、かけがえのない奇跡であると言えるかもしれません。

人生というこの奇跡の時間を精一杯生きるために、私はオリーヴを究めて、世界を健康にしていく仕事に取り組んでいます。健康寿命を延ばすことにつながる、心と体の健康、加えて国連のミレニアム開発目標ＭＤＧｓ（現在はＭＤＧｓを土台にした持続可能な開発目標ＳＤＧｓに名称変更）でも掲げられている「社会的な健康」（周囲の人びとや社会と建設的で良好な関係を築いている状態）を保つために、人びとに役立つ事業を展開することが生涯の使命だと感じています。

そしてオリーヴを深く究めていくなかで到達したいのは、**「世界の平和」**にも等しい**「世界の健康」**なのです。

近年の日本では、人口の高齢化により増えつづける医療費の抑制が大きな課題となっています。そのために**国を挙げて促進しているのが、病気になってから治療を受ける「医療」から、病気になる前に未然に病を防ぐ「未病」対策へのシフトです。**

日本の医療関連の企業や製薬会社の多くも、この未病の分野にたいへん注目しており、医療や介護で得られた多数のデータをもとにした新たな事業の可能性を模索しています。

私たち小豆島ヘルシーランドは、この未病対策の分野で、オリーヴが大いに貢献できると確信しています。

私がイタリアへの旅で体験した、悠久のオリーヴの恵みを受けながら、毎日心も体もいきいきと暮らすことのすばらしさは、まだまだ人に知られていません。

これからも私は、この瀬戸内・小豆島から日本中そして世界中に、**「オリーヴと共に生きる」ライフスタイル**を広く提案していきます。

やぎゅう・としひろ　１９７８年小豆島生まれ。城西国際大学経営情報学部経営情報学科卒。金属加工会社での勤務を経験し、実家が経営する小豆島ヘルシーランド株式会社に入社。美容オリーヴオイルを軸に通信販売で全国に顧客を増やし、原料をつくる農業から、生産・加工まで６次産業化に取り組む。２００５年10月に同社代表取締役社長に就任。目標は、３００年後も続くオリーヴの森をつくり続けること。

生命の樹・オリーヴの可能性を科学する

小豆島ヘルシーランド株式会社オリーヴ健康科学研究所所長
岸本憲人

私がオリーヴを研究しようと思ったきっかけは、**『ロレンツォのオイル／命の詩』**（ジョージ・ミラー監督、１９９２年製作）というアメリカ映画を観たことでした【図１】。

その映画は実話にもとづいています。ある夫妻のもとに生まれたロレンツォという男の子は、生まれつき副腎白質ジストロフィー（ＡＬＤ）という難病にかかっていました。この病気を発症すると、体内で神経細胞の脂肪酸を代謝する酵素がつくれなくなるため、数

図1『ロレンツォのオイル／命の詩』(ジョージ・ミラー監督、1992年製作)

年以内に亡くなります。

人間の脳は6割ぐらいが脂肪でできており、神経細胞同士は電気信号で情報を伝えています。

健康な人は、神経細胞に電気を絶縁する「ミエリン」という脂質の層があるのですが、この病気にかかるとそれが溶けてしまって電気信号がショートしてしまうのです。そのため患者は手足を動かせなくなり、やがては会話も呼吸もできなくなって、多くの場合、診断後2年以内に死に至ります。

映画の舞台となった1983年当時も現在も、ALDは有効な治療法が見つからない難病のひとつです。

ロレンツォの両親は、かわいい我が子をなんとか治せないかと図書館であらゆる文献にあたり、病気に詳しい世界中の医者を探しますが、誰も治療法を知りません。

それでもあきらめずに夫妻は独自に研究を続け、あるときポーランド語で書かれた動物実験の論文からヒントを得て、オリーヴオイルの主成分であるオレイン酸と、菜種油の主成分であるエルカ酸を4対1に混ぜたオイルをロレンツォに飲ませることにします。

するとロレンツォの病状はわずかに回復し、その後、誤嚥性肺炎で亡くなる30歳まで生きることができたのです。

脳の神経細胞は、脳梗塞や外傷で一度壊れてしまうと、基本的には再生しません。リハビリすればある程度回復することはありますが、それは壊れた部分以外の神経細胞がネットワークされることで、元来の機能を補うからです。破壊された神経細胞そのものが再生するわけではありません。

この実話をもとにした『ロレンツォのオイル』では、特定の植物油を継続的に経口摂取することで、神経の機能が回復される可能性が描かれていたのです。

もともと神経細胞の再生を研究テーマとしていた私は、この映画に衝撃を受けました。

ＡＬＤは2万人にひとりの割合で男の子だけがかかる遺伝性の疾患です。家系的にＡＬＤを発症する確率の高い家庭に男の子が生まれたら、その子に予防的にオリーヴオイルを飲ませることで、発症を防ぐことができる可能性もあります。

私は、オリーヴオイルの効能に興味を持ち、そうしたオリーヴの持つ不思議な生命の力を科学的に解明することで、人びとの健康に役立てることができるのではないか、と考えました。

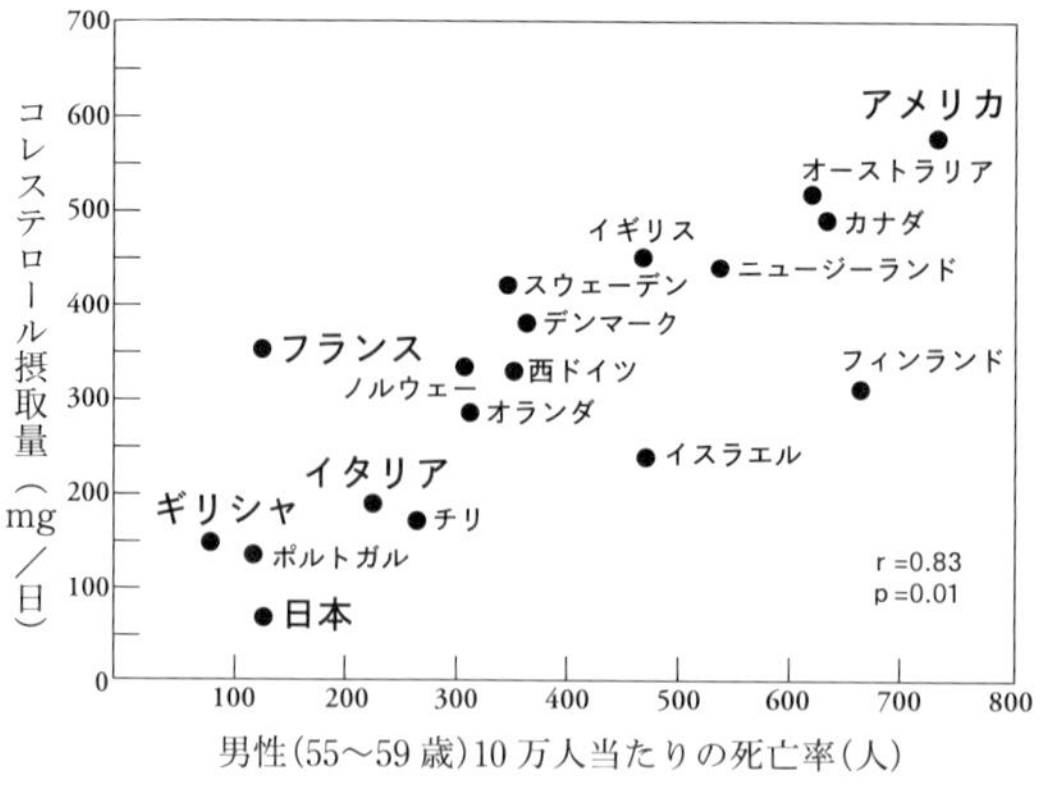

図2　コレステロールの摂取量と心疾患による死亡率との関係
出典　Conner, W.E., "The relationship of hyperlipoproteinemia to atherosclerosis: The decisive role of dietary cholesterol and fat" (in *The biochemistry of atherosclerosis*, eds. Scanue A. M. et al), p.371, Marcel Dekker Inc; New York, 1979.

地中海の人びとに心臓病が少ないという調査結果

オリーヴオイルが人の健康に与える影響に関するもっとも有名な研究が、１９５０年代にミネソタ大学生理衛生研究所の生理学者アンセル・キーズ博士らによって行われた疫学調査です。

この調査は、アメリカ、フィンランド、日本、イタリア、ギリシャ、旧ユーゴスラビア、オランダの世界７か国（合計１３２７６３名）を対象とする大規模なものでした。

アメリカ人には肥満が多く、心臓病で亡くなる人が先進国のなかでも多いことで知られています。その原因は食生活にあるのではないか、とキーズ博士は考え、ふだん何をどれぐらいの量、食べているかを調べたのです。

調査の結果わかったのは、地中海沿岸の人びとと、アメリカや北欧の人びとの食事におけるカロリーや脂肪の摂取量は、ほぼ同じレベルにもかかわらず（１日に摂取するカロリーのうち３割弱が脂肪分）、**心臓病による死亡率は、アメリカや北欧に比べて**

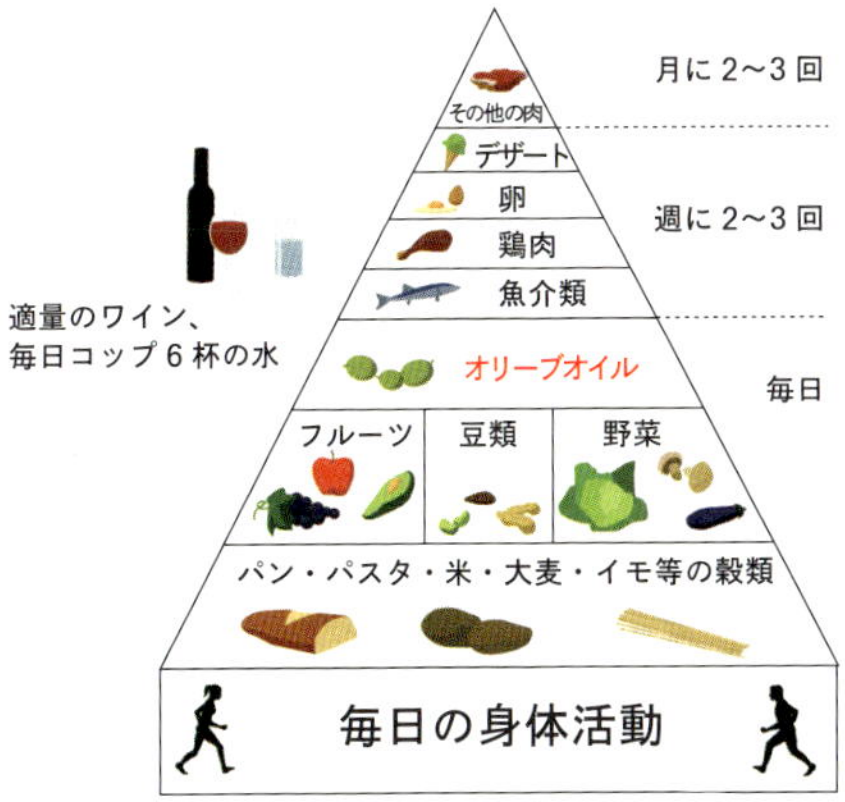

図3 地中海式ダイエットピラミッド
出典 Oldways Preservation and Exchange Trust, http://www.oldwayspt.org

地中海沿岸の国、フランス、イタリア、ギリシャの人が明らかに低いということでした【図2を参照】。

キーズ博士はその原因について、**アメリカ人や北欧人がバターなどの動物性脂肪を摂取することが多いのに対し、地中海沿岸の人びとはオリーヴオイルを中心とした天然の植物油を摂取している**ことにあると考えました。

この研究結果から、「地中海沿岸の食事は健康に良いらしい」という知見が世界中に広まりました。**近年では「地中海式ダイエットピラミッド」**【図3】**として、オリーヴオイルを中心とした食事法が世界各地で行われています。**

血流の改善――オリーヴオイルは動脈硬化を防ぐ

科学的にわかっているオリーヴオイルの健康向上効果でもっとも有名なのが、動脈硬化を防ぐ作用です。

動脈硬化とは、全身に血液を送る血管のなかに「悪玉コレス

図4 動脈硬化のメカニズム
出典　特定非営利活動法人 日本成人病予防協会、http://www.japa.org

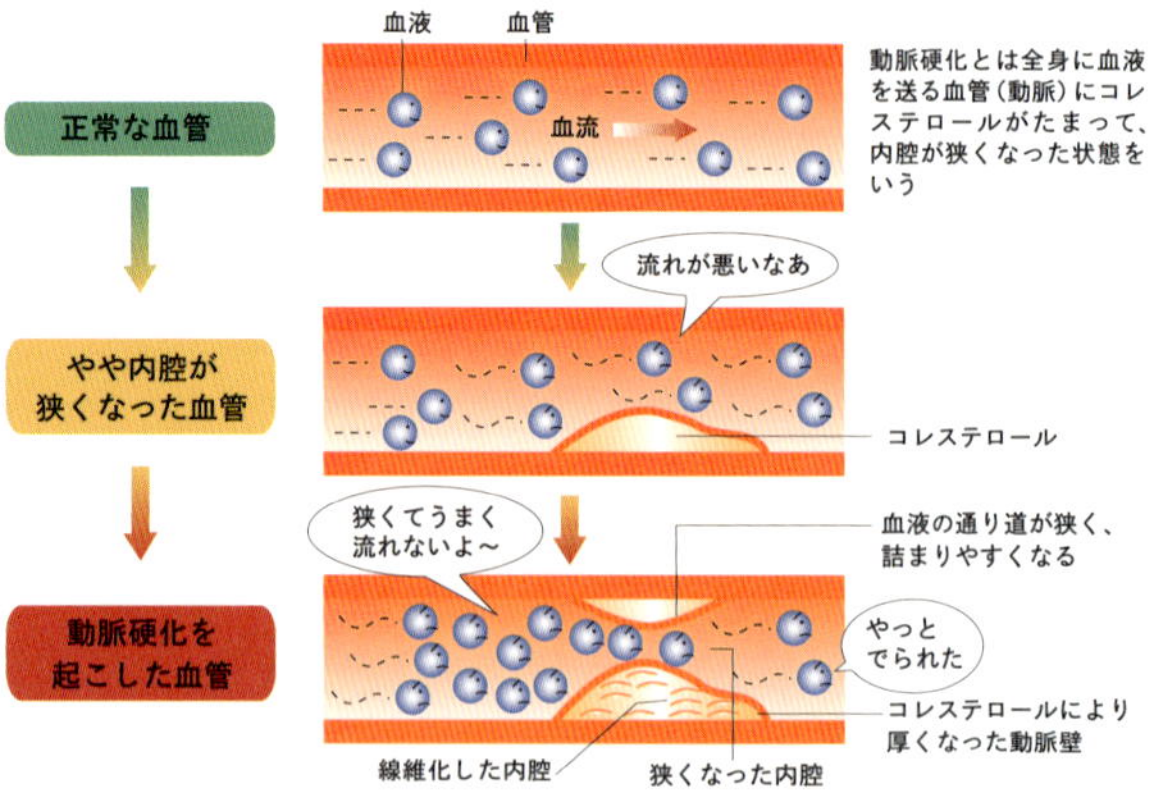

テロール」という物質がたまって狭くなり、血液の流れが悪くなる病気のことを言います【図4】。高血圧や心臓発作、脳梗塞などの原因となる、重大な生活習慣病です。

悪玉コレステロールは「マクロファージ」と呼ばれる免疫細胞の死骸からできています。マクロファージは、体のなかに入ってきた細菌やウィルスをガブッと食べてしまう「お掃除屋さん」なのですが、血液中のＬＤＬという物質が活性酸素によって酸化された「酸化ＬＤＬ」も好物で、それを食べると泡沫細胞に変化し、コレステロールとなって血管内に集積します。

ということは、血液中の活性酸素を減らせば、コレステロールも減り、動脈硬化を防ぐことができるわけです。**オリーヴオイルにはほかの油に比べて、圧倒的に抗酸化作用の高いポリフェノールが多く含まれている**ことから、継続摂取することでＬＤＬの酸化を防いでくれます。

その結果、動脈硬化をもたらすコレステロールを減らして血流を改善してくれるのです。

オリーヴオイルの香りには食べ過ぎを防ぐ成分も

またオリーヴオイルは食べるだけでなく、匂いを嗅ぐことに良い効能があることがわかっています。

オリーヴオイルに含まれる天然の2つの香り成分「ヘキセナール（Hexenal）」と「E2-ヘキセナール（E2-Hexenal）」は、肝臓での糖分の吸収を阻害し、人間の満腹中枢を刺激する働きを持っています。私たちが扱う小豆島産のオリーヴオイルには、成分分析によって、とくにこの香り成分が多く含まれることがわかりました。

イタリア料理のお店に行くと、まず前菜にオリーヴオイルをたっぷり使ったサラダが出てきます。それを食べると、その後の料理をたくさん食べなくても、長時間満腹感を得られるのです。

きっと人類は経験的に、**オリーヴオイルの匂いを嗅ぐことで、無理をせずにダイエットができる**ことを知ったのでしょう。糖尿病やメタボリックシンドロームなど、生活習慣病の多くは「食べ過ぎ」が原因です。オリーヴオイルを食生活に取り入れることで、そうした病気も無理なく予防することが可能となります。

図5 年齢・性別の皮脂分泌量
出典　株式会社 資生堂「シセイドウ ビノラボ　にきびの原因？ 皮脂について」
http://www.shiseidogroup.jp/binolab/s_0001/

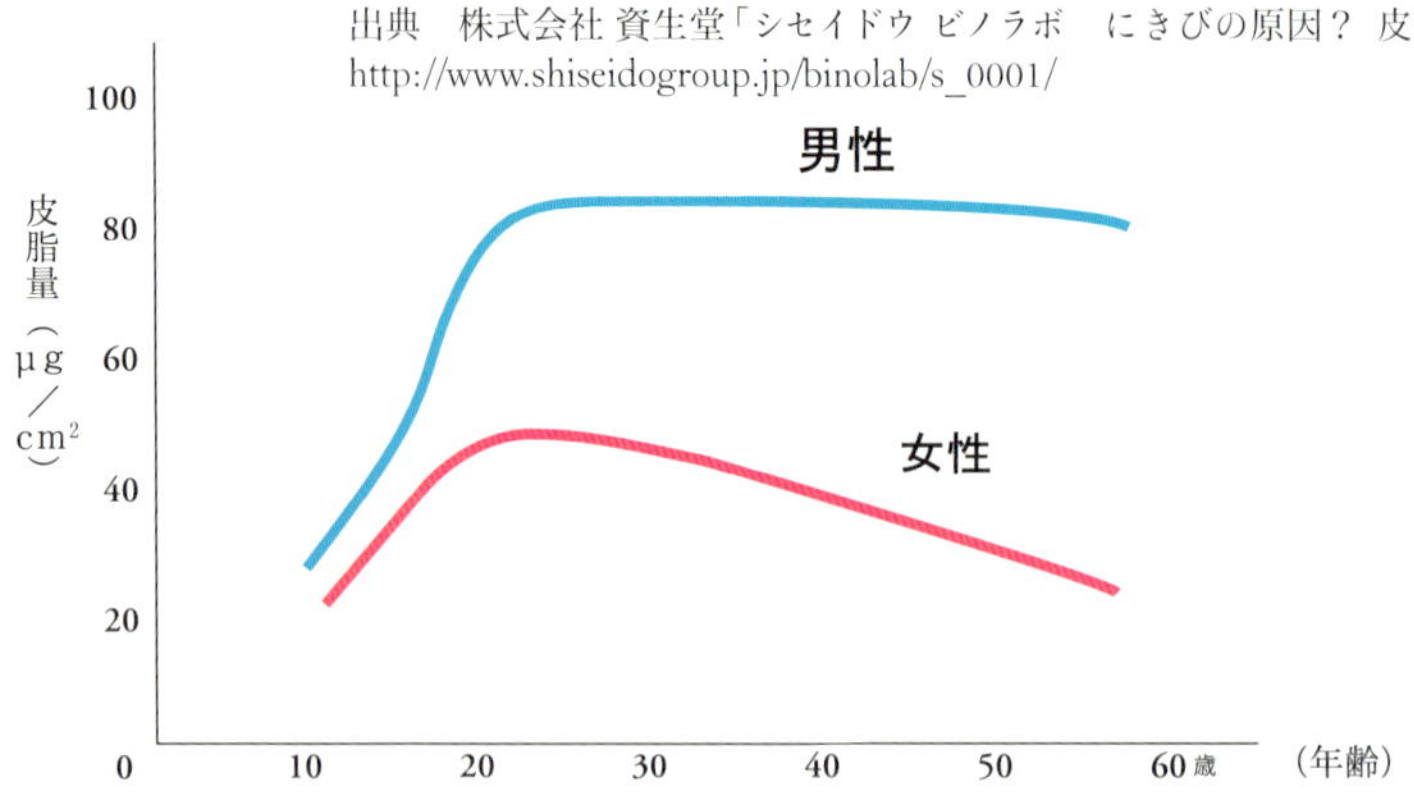

オリーヴオイルとスキンケア

オリーヴオイルはスキンケアにもとても良い効果を発揮します。**人は、加齢にともない皮脂の分泌量が減少していきます。その減少ペースは男性よりも女性のほうが早く、20代をピークに皮脂の量がどんどん下降していきます**【図5】。

とくに顔の毛穴はボディよりも皮脂の分泌量が多くて毛穴も目立つため、年齢を重ねても美しい肌を保つためには、20代からスキンケアをはじめることが大切です。

人間の皮脂の成分は、ゴリラやオランウータンなどのほかの霊長類と大きく違います。

ゴリラやオランウータンの皮脂はパラフィンというざらついた感じの油が多いのですが、人の皮膚はさらっとした油の、スクワレンとトリグリセライドという成分が多くを占めます。このことから考えても、霊長類のなかで、人の皮膚はもっともデリケートであると言えるでしょう。

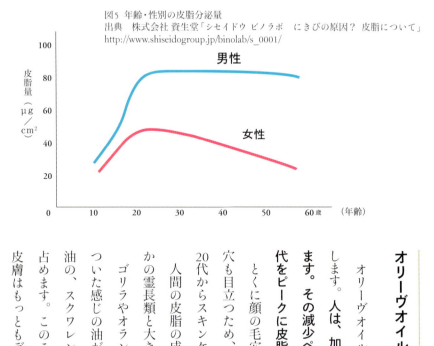

図6 オリーヴオイルの良さ
――保湿効果にも優れている

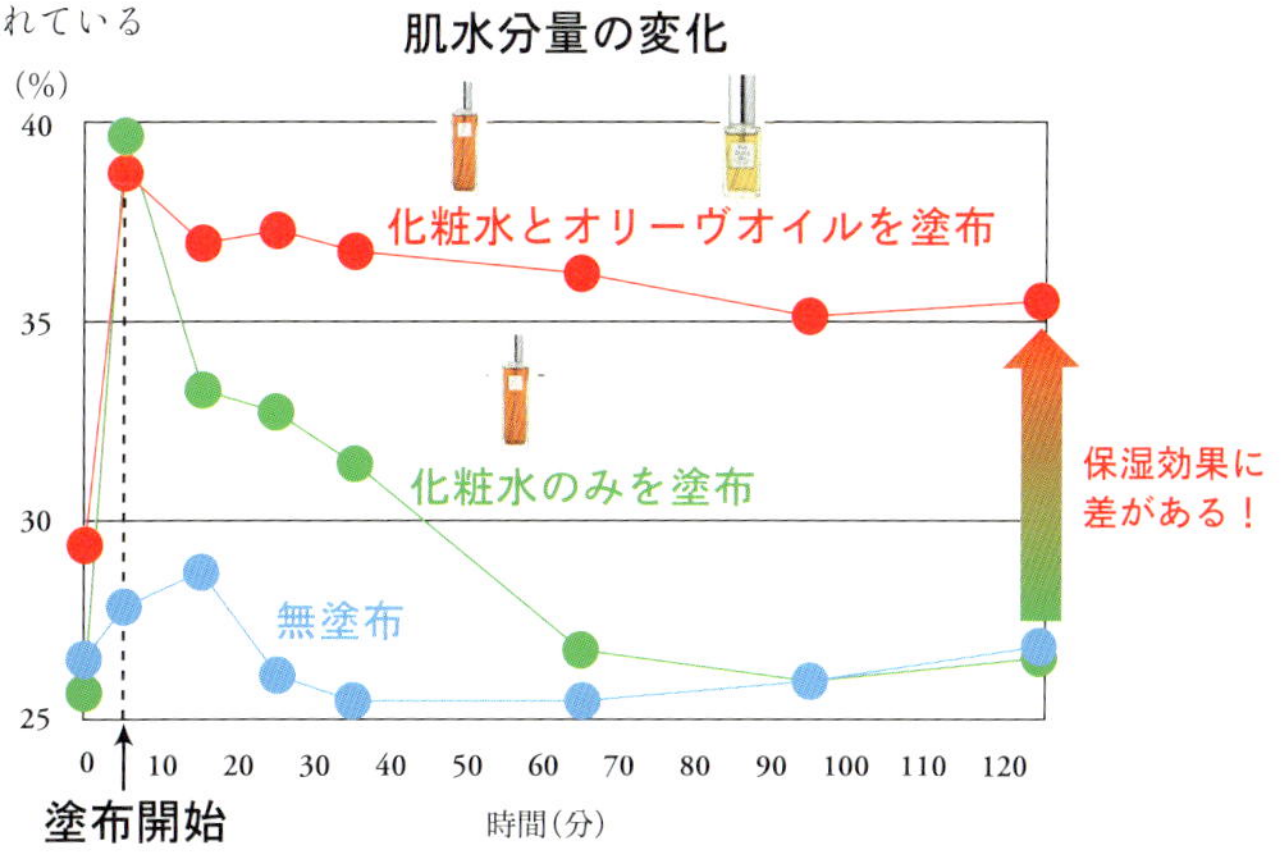

オリーヴオイルは、人の肌に多く含まれるスクワレンとトリグリセライドと成分的に非常によく似ています。さらに肌にハリを与えるビタミンA、肌を保護するビタミンE、皮膚の水分を補い保つ効果があるリノール酸も豊富に含みます。**そのため直接肌に塗ることで、非常に優れたスキンケア効果をもたらしてくれます。**

その効果は、百貨店の化粧品売り場に置いてある肌の分析機で測ると明確にわかります。

化粧水のみを肌に塗った場合、２時間経過した時点で皮膚の水分量は塗る前とほぼ同じレベルに落ちてしまいますが、**化粧水を塗った後にオリーヴオイルをさらに塗ると、２時間後も数％しか水分量が落ちない**のです【図6】。

私たち小豆島ヘルシーランドが開発・販売する「ジ・オリーヴオイル」（150〜151ページ参照）は、このスキンケア効果をさらに高めるため、**「乳酸微発酵」**（37ページ参照）という一手間をかけています。

乳酸微発酵をすることで、ポリフェノール量がアップし、さらにフルーティなオリーヴの香りが強まります。

オリーヴの恵みを余すことなく活用する

オリーヴの持つ生命力は、果実だけに存在するわけではありません。その葉や樹皮、枝などにもすごい力が眠っていることが、私たちの研究でわかってきています。

そうした果実以外の栄養分を利用して製品化したのが、オリーヴの葉から抽出したエキスを主原料とするサプリメント「オリーヴリーフ・エキストラクト」（155ページ参照）です。

オリーヴの葉には赤ワインや緑茶の倍以上の良質なポリフェノールが含まれており、**そのオリーヴに特有のポリフェノールは「オレウロペイン」と呼ばれ、欧米諸国で大変注目されている健康成分です。**

化粧品では、オリーヴの果実とともに、葉を入れて乳酸微発酵させた「ジ・オリーヴオイル・サマー」を開発しました。

もともとオリーヴは地中海沿岸の強い太陽光のもとで育つ植物のため、紫外線から自身を守る機構が発達しています。

図7 健康と美容のための
オリーヴ活用法

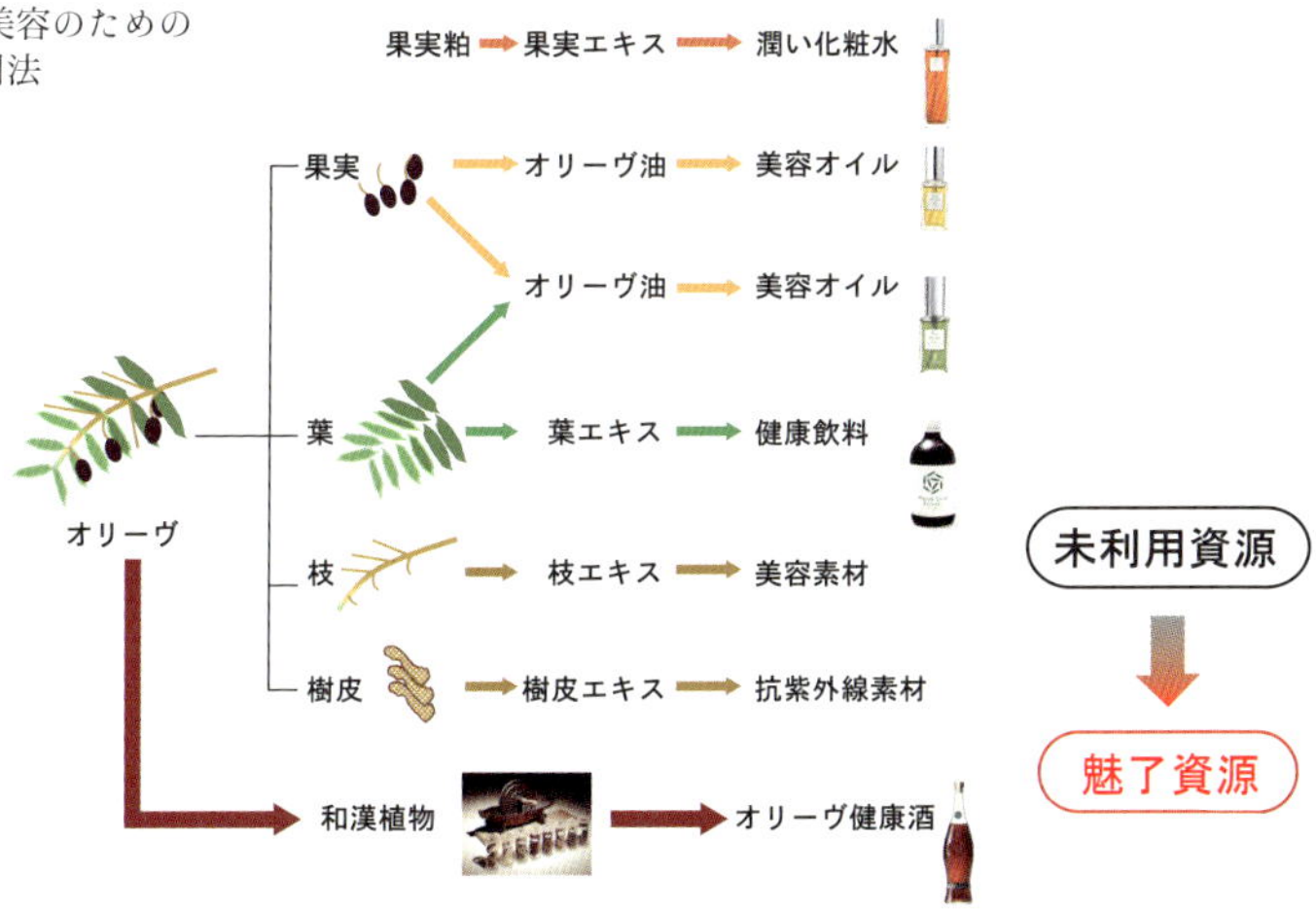

そのため果実からとったオリーヴオイルにも、紫外線を吸収する効果があるのですが、葉を入れることでその吸収率が高まるのです。さらにオリーヴの樹皮には、紫外線吸収効果がオイルの数十倍もあることから、エキスを抽出して新たな美容素材の開発を進めているところです。

それ以外にも、オリーヴの「未利用資源」はあります。オリーヴの果実からオイルを搾ったあとの搾り粕《かす》からは、うるおい化粧水を開発しました。

またオリーヴの樹木からつくった「炭」は、竹炭や備長炭より、脱臭力と吸湿力が優れていることもわかってきました。さらに、オリーヴのいろいろな部位（果実、葉、枝、樹皮、根など）に存在する微生物がいることもわかり、その微生物を健康増進に役立てることができないか、研究を進めているところです【図7】。

何千年もの昔から「生命の樹」と呼ばれ、食生活や薬品として人びとの暮らしに恵みをもたらしてきたオリーヴには、まだまだ知られざる力が眠っています。

その豊かな恵みを私たち人類が余すことなく享受できるよう、これからも研究を続けていきます。

きしもと・のりひと　立命館大学理工学部化学科卒業。広島大学大学院工学研究科博士課程後期修了。博士（工学）。米国イェール大学医学部研究員、慶應義塾大学総合医科学研究センター教員などを経て、２０１３年に小豆島ヘルシーランド株式会社入社。現在、同社のオリーヴ健康科学研究所所長。「オリーヴのチカラを科学のチカラで引き出す」をモットーに、オリーヴの可能性を追求し、心と体の健康に役立つ商品の研究開発に取り組んでいる。

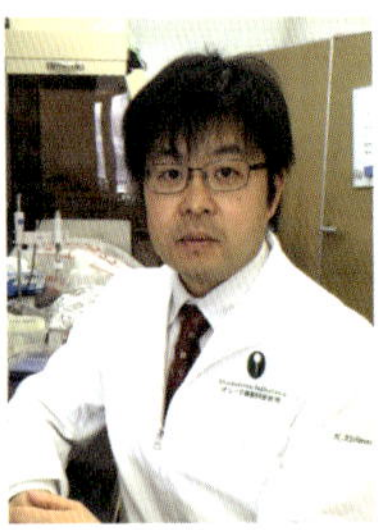

小豆島ヘルシーランドの独自製法「乳酸微発酵」とは？

ヨーグルト、納豆、甘酒など、美容や健康の観点から注目を集めている発酵食品。

その〝発酵〟をオリーヴオイルの製法に取り入れたのが、小豆島ヘルシーランドの特許技術「乳酸微発酵」です。オリーヴオイルは、収穫、選果のあと、搾油するのが一般的。その搾油する前のオリーヴの果実を「乳酸微発酵」で発酵させます。

そうすることにより、ほかにはない最高の香りを引き出すことができます。朝晩の気温や水温、pHチェックと合わせて、甘くてフルーティーな香りが増加していくことを確認します。この製法は約20年前に、文献などを中心に世界中のオリーヴオイルの製造方法を調べるなかで発見し、実践しています。私たちにしかできない、こだわりの製法が「乳酸微発酵」なのです。

正しい鑑定と分類で、品質の良いオリーブオイルを選ぶ

イタリア政府公認オリーブオイルテイスター／日本オリーブオイルテイスター協会代表理事
長友姫世

オリーブオイルテイスター（鑑定士）とは？

私は、イタリア政府公認オリーブオイルテイスター（鑑定士）です。企業の広報や、フリーアナウンサーなどの仕事をした後、イタリアへ留学し、そこでかねて関心のあったオリーブオイルの世界にのめり込みました。外国人では難しいと言われたオリーブオイルテイ

官能検査のテイスティングに使われるグラス

スターの資格を取得、政府のテイスター名簿に登録し、現在は、日本でテイスターの育成に取り組んでいるところです。

オリーブオイルは、人間の鼻や舌の感覚による感覚分析＝「官能検査」を経ることが、市場に流通するための商品分類の条件として定められている唯一の食品です（※IOC［International Olive Council］＝インターナショナル・オリーブ・カウンシル加盟国において）。こうした「官能検査」が法的効力をもって流通する商品規格の条件に定められている食品は、オリーブオイル以外にはありません。IOCにはEUのすべての国のほか、アルゼンチンやウルグアイなどの新しい生産国も含め、オリーブオイルの主要生産国が加盟しており、加盟国全体で、全世界のオリーブ生産量の98％を占めています。そのためIOCの定める規格が、オリーブオイルの国際的な基準として広く認知されています。

ヴァージン・オリーブオイルには、品質の観点で上から「エクストラヴァージン」「ヴァージン」「オーディナリーヴァージン」「ランパンテヴァージン」という4つの等級があります。これらのヴァージン・オリーブオイルの分類は、何十項目におよぶ化学検査とともに、私たちテイスターによる官能検査によって行われます。官能検査を行えるのは、テイスターによって構成されたパネルというグループのみです。

IOC加盟国が扱うオリーブオイルは基本的にはすべて化学検査と、テイスターによる官能検査の両方を受け、品質や純度を定める規格で分けられます。かつては化学分析だけでオリーブオイルの等級が定められていたのですが、成分的にエクストラヴァージンの条件を満たしていても、人が味わってみるとどこか不快な香りや味わいを感じるオイルがあることがわかったのです。

そのため科学的な数値だけでは測れない、微妙な味わいや香りに現れる品質の要素を、訓練を受けた人間が分析する必要があるだろうという議論が巻き起こり、ヴァージン・オリーブオイルの分類に、官能検査を必要とする決まりがつくられました。IOCの規定内では官能検査を行う専門家としてテイスターが正式に位置づけられています。イタリアでも政府に登録する資格として法規が定められ、さまざまな機関や学校でテイスター志願者が訓練を積んでいます。

テイスティングの厳格な国際ルール

オリーブオイルの生産者にとって、自分たちがつくったオイルが、エクストラヴァージンと判定されるか否かは、販売価格の根本にも関わる問題です。そのためイタリアでは、オリーブオイルテイスターは国家資格となっており、そのジャッジが法的な効力を持ちます。

それゆえにテイスターの責任は非常に重く、個人的な「好み」に基づく主観で判定することは許されません。1つのオイルを評価する際には、リーダーとなる人が8～12名のテイスターを選別し「パネル」と呼ばれるチームを編成、IOCの規定に則ったオフィシャルな手法で鑑別を行います。

テイスターはオリーブオイルの品質を正確に判定するため、テイスティングの方法や化学分析の知識の他、オリーブオイルに関するあらゆることを学びます。もちろん、そのうえで、テイスターとして必要なスキルを維持・向上させるための継続的な訓練は欠かせません。検査の開始時刻30分を切ったらタバコやコーヒーは控えること、また香水を使うことも禁じられ、安定した心理状態であることも求められるなど、テイスターとしての行動規範が細かくIOCの規定内で明記されています。

鑑別を行う際には、テイスターは1人ひとりパーティションで区切られたブースに座り、テイスティングを行います。テイスティング前の食事や、サンプルの温度や検査の時間帯、使用するグラスの色・形・厚み、ブースのサイズや設備、部屋の温度などまで、細かく規定が明文化されているのは、それだけ厳密に、客観的に鑑別を行うことが必要とされるからです。

テイスティングでまず判断するのは、そのオイルに「欠陥」があるかどうかです。実がオリーブミバエと呼ばれる害虫の被害を受けていたり、収穫後に実が潰れて発酵が進んで

(上)　オリーブ果実の収穫風景
(中)　搾油所で洗浄されるオリーブ
(下)　オリーブのペーストを練り込む機械・マラキサー

（上）　ペースト状になったオリーブ
（中）　オイルを分離・抽出する遠心分離機・デカンター
（下）　搾りたてのオリーブオイル

しまったり、製造や貯蔵の過程で酸化が進むと、独特の臭いが発生します。他にもさまざまな欠陥の要因と臭いの特徴があります。わずかな欠陥の要素が少しでもあれば、それはエクストラヴァージンオリーブオイルと判定されません。消費者と生産者の双方に対して、そのオリーブオイルの感覚的評価における規格を証明する唯一の存在、それがテイスターなのです。

日本は近年、オリーブオイルの輸入量が右肩上がりに伸びており、その輸入量は世界4

位の国になります（２０１６年現在）。問題は、それだけの輸入大国であるにも関わらず、日本はまだＩＯＣに加盟しておらず、オリーブオイルに関しての国際基準に準じたルールや規格もないことです。実は、エクストラヴァージンオリーブオイルの定義も日本の法規には存在しないのです。これだけオリーブオイルの市場が成長してきた国であるからこそ、こうした状況を変えるべく、オリーブオイルをより深く理解してもらおうと、ＩＯＣが日本において２０１５年7月から約1年半、啓発キャンペーンを行いました。私が代表を務める一般社団法人日本オリーブオイルテイスター協会では、ＩＯＣの協力のもとＩＯＣのレギュレーションに則った国内で初めての正式なテイスターの養成講座を行っています。オリーブオイルに関する正しい知識と評価鑑別の本物のスキルを持った人材が育つことで、日本のオリーブオイルの市場はさらに健全に活性化するはずです。

高品質なオリーブオイルを生産するポイント

世界で栽培されているオリーブの品種は、約２０００種類にもおよぶと言われており、現在では南半球の国々やアジア圏など、世界中で栽培されるようになりました。

しかし質の良いオリーブオイルを生産するには、非常に多くのハードルをクリアする必要があります。オリーブオイルの味や香り、油分量などは、品種や収穫時期、製造方法などによって大きく変わります。オリーブの実の品質、ひいてはできあがるオリーブオイルの品質も、気候や土壌、日当たりや地形などの栽培環境によって、ダイレクトに変化します。品種や土地によって植樹の間隔や栽培法も違いますし、木の剪定の状態や、水やりや手入れ、オリーブミバエなどの病害虫対策が適切に行われているかといった栽培技術も重要となります。

さらに収穫のタイミングも大切です。実が熟せば熟すほど、1つのオリーブからとれるオイルの量は増えますが、同時に重要な栄養成分であるポリフェノールの値は少なくなり、特徴も穏やかに、そしてさらに進むと質も徐々に落ちていきます。生産者は自分のつくりたいオリーブオイルをイメージし、ポリフェノール値が高く、苦味と辛味がしっかりある青々しいオイルにするか、よりマイルドなオイルにするか、収穫のタイミングを見極めます。

いざ収穫するときには、いかに実を傷つけないかも大切です。オリーブの実の収穫方法には、櫛のような道具を使い引っ張って枝から実を外す方法や、機械で木を叩いたり揺らしたりして一気に集める方法など、いろいろとあります。収穫したオリーブから採油する搾油場まで輸送する際も、大きい箱で運ぶと、底のほうにある実が重さで潰れて劣化してしまうため、できるだけ小さな風通しの良い箱で運ぶことが大切となります。

収穫した実は、搾油所で油分を抽出することで、オリーブオイルとなります。このとき、純粋に機械的・物理的な手段だけで搾油したオイルが「ヴァージン・オリーブオイル」になります。オリーブは実が枝から離れた瞬間から劣化が始まりますので、良い状態で収穫した実を、できるかぎり素早く搾油することが、オイルの品質を高める上で極めて重要となります。

オリーブオイルの搾油の方法には、伝統的な石臼を用いたもの、遠心分離法などがあります。そのシステムによって使用する機械や道具も変わってきますが、主に次のような要素や工程が必要となります（43〜44ページの写真参照）。

・収穫した実から葉や泥など、不純物を取り除いて洗浄する。
・実を粉砕して、ペースト状にする。
・ペーストを練る。
・ペーストを遠心分離機にかけてオイルを抽出し、搾り粕や水を取り除く。
・オイルをさらに遠心分離機にかけ、完全に水分を取り除く。
・沈降分離、またはフィルターでオイルを濾過し、澱を取り除く。
・一定の温度に保った貯蔵室で、タンクにオイルを入れて保存する。

・遮光瓶などの容器に瓶詰めする。

とくに練り込みは、オイルの特性をつくり、オリーブから油分を取り出すための重要な工程となります。マラキサーという練り込み機械のなかでペースト状のオリーブを温めながら回転させることで、油分を包む細胞膜を破壊し、油分の結合を促します。伝統的な石臼を用いた製法では、どうしても空気とペーストが触れ酸化するリスクが高くなるため、現在主流となっている連続方式の遠心分離法の機械では、粉砕から練り込み、オイルの抽出まで空気に触れさせない一続きの環境で行うようになっています。

練り込みで大切なのが「温度」です。オリーブオイルの香り成分は、実に含まれる酵素が働くことで形成されますが、その酵素が活性化する温度帯によって引き出される香りが異なります。また、練り込み時の温度が高いほど取れるオイルの量は多くなりますが、加熱温度が高すぎると欠陥臭となっていきます。そのため練り込みの温度は27度以下に保つことが望ましいとされ、27度以下で練り込みが行われた場合に低温抽出であることをラベルに表記することができます。

次に、デカンターと呼ばれる遠心分離機にペーストを送り、果実部、油分、水分の比重の違いを利用して、オイルを取り出します。

客注

園芸・造園　客注専用短冊

冊数

トランスビュー

小豆島ヘルシーランド

B07161267737B

オリーヴのすごい力

健康をもたらす、生命の樹オリーー／八木書店

ISBN978-4-908875-05-2 C0077 ¥1500E

1872803000065

本体　1500円

受注No.126737
受注日25年07月16日

2001134

9 784908 875052

その後、抽出されたオイルに含まれる水分をさらに除去、澱の取り除き、ステンレスタンクでの保存と工程が続きますが、酸化を防いで保存する観点からタンクに窒素を充填する生産者も多いです。また出来上がったオイルの温度管理も重要です。近年のオリーブオイルの生産現場では、コンピューターにより搾油工程が厳密に管理されていますが、それでもオリーブの実のコンディションを見守る人間の目は欠かすことができません。収穫したオリーブの微妙な状態を見極め、職人的な感覚と技術で機械をコントロールすることが、質の高いオイルの生産には欠かせないのです。

小豆島をはじめ、日本にも質の良いオリーブオイルを生産している土地が広がっています。個人農家だけでなく、自治体がオリーブの栽培に積極的に取り組む地域も増えており、これからますます日本におけるオリーブの生産は盛んになると思われます。日本人のオリーブオイルテイスターによる正しい鑑別と商品分類が行われた国産のオリーブオイルが、世界の市場で評価される日もきっと近いでしょう。

ながとも・ひめよ　イタリア政府公認オリーブオイルテイスター（鑑定士）。テイスターとしての活動のほか、講演やメディアでの活動、企業へのコンサルティングや研究機関での共同研究を通じて、オリーブオイルの正しい知識の普及に努める。世界各地の国際オリーブオイルコンテストでアジア人初の鑑定審査員も歴任。日本オリーブオイルテイスター協会代表理事。

2章　生活習慣病を改善するオリーヴのすごい力

オリーヴを取り入れた食事が、体の調子を整え、さまざまな病気を予防してくれることは、古くから知られてきました。

この章では、地中海型食生活を提唱する糖尿病専門医・横山淳一先生と、循環器内科医として動脈硬化の予防に取り組む立川洋一先生に、オリーヴがもたらす健康向上効果についてお話いただきます。

オリーブの恵みをいかした地中海型食生活で、自然治癒力を高める

医学博士／オリーヴァ内科クリニック院長
横山淳一

私が初めてオリーブオイルに出会ったのは１９６８年、19歳でイタリアに行ったときでした。日本人にはまだなじみがなく、地中海の特別なオイルと思われていた時代です。日本でオリーブオイルが知られるようになったのは、オイルサーディンがきっかけだと言われています。イワシの酸化を防ぐための油として、明治政府がオリーブオイルに注目し、それが日本におけるオリーブ植樹の端緒となりました。

オリーブオイルには、ポリフェノールなど多種多様な抗酸化物質が溶け込んでいます。イワシを酸化から守るにはオリーブオイルが適していると、西欧では経験的にわかっていたのでしょう。

私は糖尿病の専門医として、地中海型の料理を取り入れた食事療法を自分のクリニックで実践しています。地中海型料理とは、地中海の沿岸地域で昔から食べられている伝統料理。**オリーブオイルを上手に使って、野菜、豆、パスタ、魚介類などの食材をいかす料理**です。

南イタリアや南フランスなどでは、昔からオリーブオイルが使われています。そうした地中海沿岸地域に暮らす人たちは、動脈硬化にもとづく心臓病が北欧、米国に比べて圧倒的に少ないということがわかっています。それから地中海型料理が注目され、ユネスコの世界文化遺産にも登録されました。

　私もふだんから、地中海型の食事をとっています。**オリーブオイルを使う地中海型の料理はおいしくて、しかもシンプルで手間がかからないものが多い。**食材選びさえきちんとすれば、調理法もごく簡単です。

地中海型料理はおいしくて体にいい――地元の旬の食材と組み合わせて

　私のテーマは、「**オリーブの樹の恵みをいかし、人間が持っている自然治癒力を高める**」ことです。病気を治すのではなく、人が本来、自分のなかに持っている力を高める。糖尿病などの生活習慣病の治療では、毎日の食事など、患者さん1人ひとりが自分の生活を見直すことが大切です。

　食事療法は、おいしくなければ長続きしません。オリーブオイルをはじめとする自然食品を中心にした地中海型の料理は、おいしくて体にいい。しかも簡単、だから長続きするのです。

　オリーブオイルは、オリーブの実をまるごと搾った「オリーブのジュース」からつくられています。そのため**オリーブオイルには、多種多様な抗酸化物質を含む皮や実、種の成**

分がそのまま入っています。

そんなオリーブオイルに合う食材は、なるべく加工の度合いの低い自然食材です。「**ホールフーズ**」と呼んでいますが、精米されたコメよりも玄米、イワシであれば頭から尻尾までまるごとといったように、**なるべく自然の状態に近い食材とオリーブオイルを組み合わせることで、その食材の持つおいしさが最大限に引き出されます。**

私は、玄米とオリーブオイルを使う「卵かけご飯」を毎朝食べています（63ページでつくり方を紹介しています）。納豆は、化学調味料の入ったタレを使わず、ぜひオリーブオイルと塩で食べてみてください。納豆のにおいがとれて、食べやすくなるはずです。

刺身も日本人はしょうゆとわさびで食べますが、刺身にまず塩をふり、それからオリーブオイルをかけると、魚の旨味が口のなかに広がってさらにおいしくなります。オリーブオイルと塩ですから、むずかしいことは何もありません。

具の多い野菜の味噌汁に、オリーブオイルをひとさじ加えると、野菜の味がよりわかる味噌汁になります。料理に入れたオリーブオイル自体には強い味も香りもありませんので、自己主張せずに、それぞれの食材の魅力をつなぎあわせてくれるのです。

おいしい食材は、焼いたり煮込んだり、ソースをかけたりして、手間を掛けすぎると、逆にもともとの味わいが損なわれてしまいます。新鮮な野菜は、オリーブオイルをかけるだけでおいしく食べられます。

いま日本の各地域では、「地産地消」の大切さが見直されていますが、オリーブオイルを活用すれば、地元でとれる食材の魅力を再発見できるはずです。

自分の暮らす地域でとれた、旬の時期の一番おいしく栄養のある野菜や魚。それにオリーブオイルをかけて、まるごと食べる。自然の恵みをオリーブオイルというオリーブの実から搾油された天然のオイルで食べる。体に悪いわけがありません。

パスタ料理は太りにくく糖尿病の食事療法にも最適

私の専門とする糖尿病は、血液の中のブドウ糖（血糖値）が高い状態がずっと続くことで、血管の障害が引き起こされ、全身にさまざまな悪影響をおよぼす病気です。人工透析にいたる腎臓障害や、失明にいたる目の障害、いずれも糖尿病がその原因の第1位、2位にランクされています。

糖尿病は、日本国内に７００万人の患者とその予備群がいると言われるまさに「国民病」で、その予防のための生活習慣の是正が、国全体の医療できわめて大切なテーマとなっています。

糖尿病の発症率が高い県として知られるのが、さぬきうどんで有名な香川県です。香川県では、血糖値の上昇率を表す「GI値」が高いうどんが「県民食」となっています。うどんのノド越しを楽しむため、皆さん早食いで、しかも具は少なく、付け合わせは甘辛い味付けで、砂糖を多用します。香川県は野菜の生産量は多いのですが、消費量は少なく、そのため全国平均で見ても、糖尿病の罹患率がトップの地域となっているのです。

糖尿病患者に勧められる食事は、血糖値のコントロールがしやすく、血管障害を促進させないものです。その点で、オリーブオイルを使った地中海型料理は、最適であると言えます。

地中海食でよく食べるパスタ、玄米、ヒヨコ豆やレンズ豆など豆類、ナッツ類などは、糖質を比較的多く含む食品であっても、すべてインスリンの過剰分泌を招きにくい、すなわち血糖値の急激な上昇を起こさない、低GI食品であることがわかっています。

麺類はどれも小麦粉をこねてつくりますが、うどんの断面を顕微鏡で見ると、無数の空洞があります。空洞が多いと、表面積が増えるために消化酵素が作用しやすく、消化吸収がスムーズに進みすぎるため、血糖値が急激に上昇するのです。

一方、地中海食の麺料理と言えばパスタです。パスタは「デュラム小麦」という硬質の小麦の粉と水だけでつくった自然食品で、GI値がうどんの半分以下と低いのが特徴です。

パスタは小麦粉を水でこね、強い圧力をかけて細い穴から押し出す製法でつくられるため、うどんと違い断面が隙間なく成形されます。そのため顕微鏡で見てもうどんのような空洞がなく、消化吸収に時間がかかります。

つまり**麺類のなかでダントツに太りにくいのが、スパゲティに代表されるパスタ類**なのです。よってオリーブオイルを使ったパスタ料理は、糖尿病の食事療法にもとても向いた食事であると言えます。

オリーブを通じた健康長寿の活動——「食」を通じて心も豊かに

私は「小豆島町健康長寿の島づくり推進会議」の顧問に就任し、小豆島から香川県に向けて、糖尿病対策の提言を行っています。具体的には、「**学校給食、病院で使う油脂はオリーブオイルとする**」「**オリーブと小豆島の食材をいかした、地産地消の新しい料理の開発**」「**オリーブを用いた料理や、オリーブ観光の推進**」「**各家の庭にはオリーブの樹木を植える**」などの取り組みを進めています。

これらの活動を通じて、香川県内の人びとの健康増進に貢献し、医療・介護の負担軽減につなげることができればと考えています。また香川県外の人にも、小豆島というオリーブの樹木が繁る美しい島が日本にあることをいま以上に知ってもらい、瀬戸内・小豆島を訪れる観光客が増えてくれることを期待しています。

香川県だけでなく、熊本県の天草地区、静岡県の東伊豆地区、また東日本大震災後の宮城県の亘理地区、福島県のいわき市でも、オリーブの樹の植林が行われています。オリーブを通じての健康的な「地産地消」の食生活を推進する活動は、これからの私のライフワークのひとつとして取り組んでいきたいと考えています。

（上）　木がふんだんに使われた、落ち着いた雰囲気の待合室。テーブルはマホガニーのアンティーク家具。食事会のときには、レストランに早変わり
（中）　クリニックで3か月に1回開催される地中海型料理の食事会風景
（下）　食事会の料理はクリニック内のキッチンでつくられる

私が経営するオリーヴァ内科クリニックでは、地中海型療養食の食事会を、3か月に1回、定期的に開催しています。糖尿病などの生活習慣病には、継続性のある食事療法を取り入れることが大切です。

栄養指導をするにあたっては、紙に書いたメニューを渡すよりも、実際においしい地中海型料理を食べていただくことが一番です。患者さんには、食事の前後に血糖値を測ってもらい、食後でも血糖値の上昇が抑えられる料理であること、おいしくて満腹感の得られる料理であることを実感していただいています。出す料理は、私や家内がクリニック内にあるキッチンでつくります。

クリニックのまわりには、たくさんのオリーブの樹を植えています。**オリーブの葉は、陽光にあたると銀色に美しく輝き、その姿を見ているだけでも、生命力が高まることを感じます。見ているだけで癒やされるのです。**

小豆島には「樹齢千年のオリーヴ大樹」が育っていますが、オリーブの樹は生き物のなかでもっとも長生きです。その実が、人類の健康長寿につながることも、紀元前の時代から知られてきました。だからいまの日本でも、オリーブの恵みを生活に取り入れることは、健康に生きる上である意味当たり前のことなのです。

食は人生最大の楽しみのひとつです。**「食」という字は、人を良くすると書きます。食**

べたものが体をつくり、エネルギーになり、体を整える。だからどういうものを食べたかで、人は変わるのです。ひとりの食事でもいいけれど、ご夫婦やお友だちなど、誰かと一緒においしい食事をとることで、心も豊かに健康になります。オリーブオイルを使った地中海型の料理を食べて、健康寿命を延ばし、美しく充実した生活を送る人が増えることを願っています。

よこやま・じゅんいち　オリーヴァ内科クリニック院長／医学博士。1973年千葉大学医学部卒業。東京慈恵会医科大学内科学教授退任後、2013年4月、糖尿病・栄養内科、代謝・内分泌内科クリニックを開設。「オリーヴァ」はイタリア語で「オリーブの実」を意味する。日本糖尿病学会認定糖尿病専門医・指導医。日本分泌学会認定内分泌代謝専門医。著書に『炭水化物を食べながらやせられる！ 地中海式 世界最強の健康ダイエット』ほか。

本稿は『せとうち暮らし』20号所収の同題の記事をもとに再構成しました。

おすすめ！　私のオリーブ活用術　料理編

横山淳一先生が毎朝食べている、家庭で簡単にできる健康オリーブ料理を紹介します。

玄米とオリーブオイルを使う卵かけご飯

［材　料］
玄米、卵、プチトマト、オリーブオイル、しょうゆを各適量
［つくり方］
1　フライパンにオリーブオイルを入れ、卵を割り入れる。
2　プチトマトを輪切りにしてのせ、ふたをしてごく弱火に。
3　卵が半熟状になったら、炊きたての玄米ご飯の上にのせ、しょうゆを2、3滴垂らし、混ぜながら食べる。

・地中海料理では、鍋やフライパンが冷たい状態でオリーブオイルを垂らし、徐々に温める「コールドスタート」が基本です。

血管年齢を若いままに保つ
――オリーブオイルで「香川パラドックス」を実現する

医学博士／大分岡病院院長
立川洋一

小豆島ヘルシーランド株式会社代表取締役社長
聞き手　柳生敏宏

血管年齢の大切さ――日本人の死因の2位と4位は動脈硬化が原因

柳生敏宏　立川先生には我が社の相談役が、以前からたいへんお世話になっております。相談役は最近よく「自分はできれば120歳まで生きたい。そのためには血管年齢を若く、健康に保つことだ」と話しているのですが、私たち

（上）　大分市鶴崎にある大分岡病院で対談するふたり
（中）　立川洋一（大分岡病院院長）
（下）　柳生敏宏（小豆島ヘルシーランド株式会社代表取締役社長）

のオリーヴ健康科学研究所でも、オリーブの持つ動脈硬化の予防効果に注目して研究を進めています。今日は先生に、血管の健康についてぜひいろいろ教えていただければと思います。

立川洋一　はい。小豆島ヘルシーランドの相談役とは、数年前に多摩大学大学院の経営情報学研究科で出会って以来、懇意にさせていただいております。

相談役に、「フランス人は他の欧米人と同様高脂肪でカロリーが高い食事をとっているのに、アメリカ人に比べて動脈硬化が少ない。これは、『フレンチ・パラドックス』と言われていますが、その理由は、フランス人がポリフェノールをたくさん含む赤ワインを日常的に飲むからです」と話したところ、相談役は「オリーブオイルをたくさんとる地中海在住の人びとも、動

図1 動脈硬化について

動脈硬化とはなんでしょう？

動脈の壁にコレステロールなどが溜まる。
→壁が厚くなる。
→血管の内側が狭くなる。
→血液の流れが悪くなる。
→弾力性がなくなる。
このような状態が動脈硬化
→臓器障害を起こす。

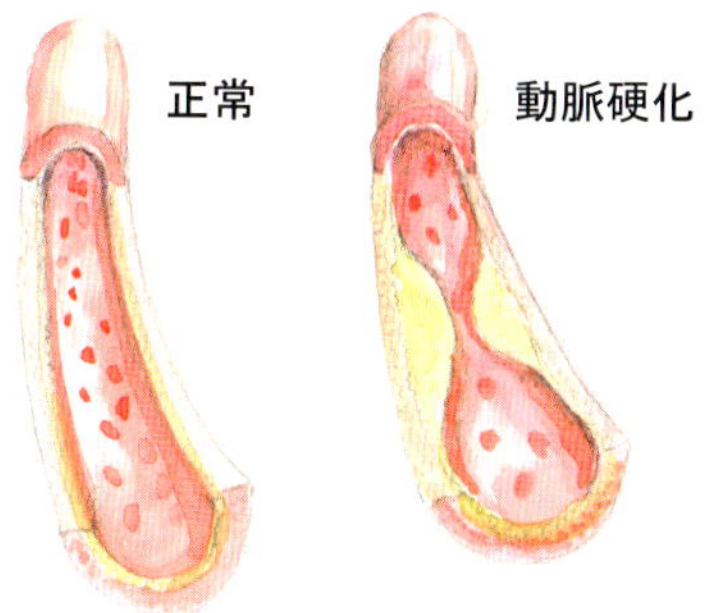

脈硬化が少ないんです」とお答えになりました。
　そこで、「医学界でも、オリーブオイルの摂取がもたらす健康への影響が注目を集めている」とお伝えしたのです。

柳生　ありがとうございます。先生のそのお話がきっかけとなり、相談役が血管年齢に大いに関心を持ったことは間違いありません（笑）。

立川　人の老化には「血管の年齢」が密接に関係しています。血管年齢、とくに動脈の年齢を若く保つことで、人は長生きできることが判明しています。
　動脈は心臓が血液を送り出す脈拍のリズムや、外気の気温の変化などにも対応して「伸び縮み」します。動脈硬化とは、その動脈が「しなやかさ」を失う病気です。

柳生　だから「硬化」という名前なのですね。

立川　はい。血管が硬くなる原因は、血管の内部の壁にさまざまな「カス」がへばりつくことです。

よく「血液がどろどろになる」と言いますが、それは血液中に含まれる脂肪成分やコレステロール、糖分などが増えることを指します。歯に溜まる歯垢（プラーク）のように、血液中のどろどろ成分も、血管の壁にプラークとして張り付くのです。そうして動脈が硬くなっていきます。

柳生　ちょうど水道管のなかにサビやゴミがへばりつくような感じでしょうか。

立川　その通りです。動脈硬化が進行すると血管は硬くなり、内部が狭くなって血液が流れにくくなります。すると走ったり運動したりしたときに、心臓が「酸素が足りない！」と悲鳴を上げるようになります。多くの内臓疾患も動脈硬化により血の流れが悪くなることで起こります。

また血管に溜まったプラークは、それが面する血管の壁の内皮に障害を起こし、やがて血の塊をつくります。その血の塊で、プラークで狭くなった心臓の動脈がつまれば心筋梗塞、頭の動脈がつまれば脳梗塞を引き起こすわけです。

柳生　ガンに次ぐ日本人の死因の2位が心疾患、4位が脳血管疾患だそうですが、その大本は多くが動脈硬化なんですね。

立川　だからこそ、「血管年齢」を若く保つことが大切になるわけです。血管の年齢は、各種の検査で測ることができます。なかでも頸動脈は「動脈硬化の窓」と言われており、超音波を用いて内皮を測ると全身の動脈硬化の程度を推測することができます。

図2 動脈硬化によって起こる病気

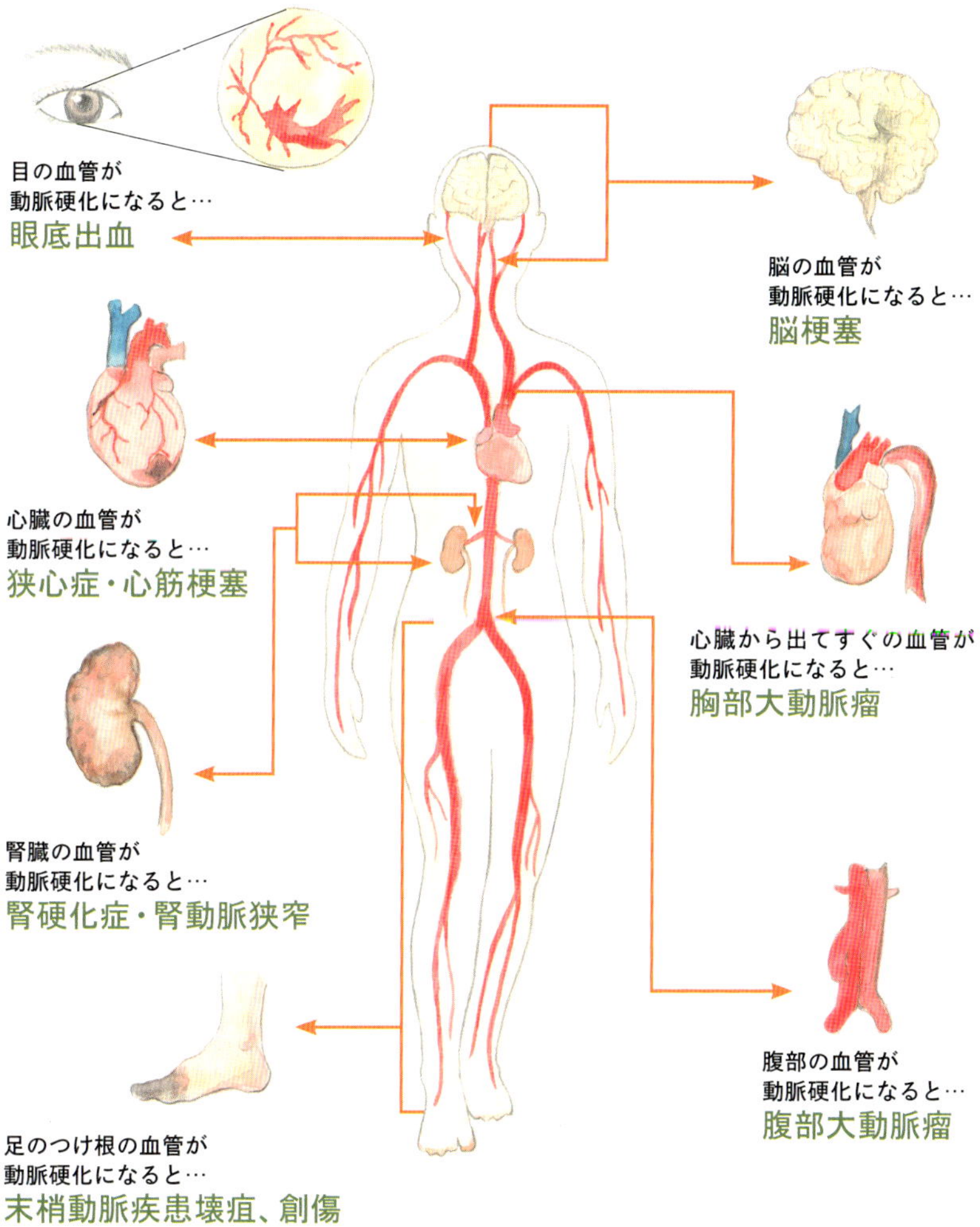

オリーブオイルには動脈硬化を防ぎ、糖尿病を改善する有効な可能性がある

柳生　血管年齢を定期的に測ることで、動脈硬化の進行を早めに察知することができるわけですね。同じ年齢の人が測定したとして、血管年齢にはどれぐらいの「差」が生まれるものなのでしょうか。

立川　人によっては40歳でも血管がガチガチに固まって、動脈硬化が進行している人もいますね。その逆に60代でも若々しく、動脈が保たれている人もいます。健康な人が年齢を重ねていくごとにどれぐらい動脈硬化が進むのかは、測定方法によっては平均的な値がわかっています。

「脈波検査」と呼ばれる検査では、血管のなかを通る血圧の波形とその伝わる速さを見ることで、血管のしなやかさを数値で確認できます。検査でそうした客観的な数値を確認して、自分が標準とどれぐらい離れているか確認することが、血管の健康維持にはとても大切です。

柳生　動脈硬化を進行させる要因には、どんなものがあるのでしょう?

立川　代表的なものとしては、高血圧、脂質異常症、糖尿病などの生活習慣病のほかに、喫煙、運動不足、ストレス、肥満などが挙げられます。一般には女性より男性のほうが動脈硬化は進みやすく、またなりやすさには、遺伝的な影響もあります。

その一方で、動脈硬化を防ぐために自分でコントロールできることもたくさんあります。若いときから、テレビを見ながらソファに寝転んでおやつを食べ、甘い炭酸飲料を飲み続けるような生活をしていると、どんどん動脈硬化は進んでいきます。

動脈硬化は年齢とともにある程度進むことは仕方がないのですが、生活習慣によって進行を抑えることは十分できる病気です。

柳生　血圧もきちんと薬を飲めば管理できますし、糖尿病も食事療法や運動で改善できると聞きます。タバコはやめればいいですしね。

立川　食事はとくに大切です。カロリーをとり過ぎると体に脂肪分が溜まり、血液がどろどろになっていきます。

食事では、三大栄養素と呼ばれるタンパク質・炭水化物・脂肪のバランスを適正に保つ必要があります。いずれの栄養も生命の維持のために絶対必要で、脂肪もとらないと生きていけないのですが、とり過ぎても問題を起こします。

だからこそ「どういう脂肪をとるか」が大切になるわけです。

柳生　動脈硬化を進めやすい脂肪と、進めにくい脂肪があるわけですね。

立川　焼肉を食べた次の日に血液を検査すると、血液中の中性脂肪が増えていることがはっきりわかります。それぐらい、人の体は食べた油によって影響を受けるんです。そこでオリーブオイルが注目されるわけです。

柳生　世間一般の人にも、オリーブオイルに脂質異常症や高血圧の改善につながるオレイン酸が豊富に含まれていることが、だいぶ知られるようになってきました。

立川　そうですね。プラークは中性脂肪や悪玉コレステロールが酸化されて、過酸化脂質となることで発生します。血管の壁で起こる炎症も、そうした過酸化脂質を除去しようとする細胞の働きで起こります。だから諸悪の根源であるプラークを減らすために、悪玉コレステロール・悪玉脂肪酸をやっつけて、善玉コレステロール・善玉脂肪酸を増やすことが大切になるわけです。

ラードやバターなどの低い温度で固まる「飽和脂肪酸」を多く含む油に対し、オリーブオイルに含まれるオレイン酸は「不飽和脂肪酸」です。オレイン酸に代表される一価と呼ばれる不飽和脂肪酸を飽和脂肪酸の代わりにとると、動物実験では、善玉コレステロールは減らさずに、悪玉コレステロールの値を下げることが確認されています。

動物性脂肪の代わりに、適正な量のオリーブオイルを食事でとることは、動脈硬化を防ぐ上で有効な可能性が大いにあります。

柳生　オリーブオイルは99％脂質ですが、残りの1％にポリフェノールや各種のビタミンが含まれています。オリーブオイルに含まれるポリフェノールにも「プラーク」の原因物質である悪玉コレステロールを減らす効果がありそうなのです。

じつは小豆島のある香川県は、野菜をあまりとらず、うどんをたくさん食べることから、他の県に比べて糖尿病患者の数が多いんです。子どもたちの7人にひとりが、将来の糖尿病予備群とも言われています。そこで香川県知事が先頭に立って、糖尿病を防ぐキャンペーンを始めているんです。

私たちも、「うどんを食べたらオリーブオイルを野菜にかけて食べる」という習慣を広めたいと思っているところです。

立川　確かに生さぬきうどんは炭水化物の塊で血糖値を上げやすく、また濃いしょうゆをかけて食べる人が多いことから、高血圧も促進しそうですね。

オリーブオイルの摂取を香川県民に広めることで、生さぬきうどんをたくさん食べていても、動脈硬化の病気が起こりにくくなり、「フレンチパラドックス」ならぬ「香川パラドックス」と言われるようになるかもしれません（笑）。

子どもの頃からヘルシーなオリーブオイルのおいしさに親しんでほしい

柳生 先生はオリーブオイルはお好きですか？

立川 私はイタリア料理とワインが大好きで、日常的に家庭でも外でも食べています。当然、オリーブオイルもふだんから好んで、トマトのカプレーゼなどにかけてよく食べています。

私にとってオリーブオイルはそれ単体で食べるというより、食事をよりおいしくするための調味料というイメージですね。

柳生 イタリアのオリーブオイルテイスターの先生は、オリーブオイルを「料理を完成させるもの」と呼んでいます。向こうの食堂に入ると、どこでもテーブルの上にはオリーブオイルの瓶が置いてあって、人びとはパンを浸して食べたり、料理にかけたりしています。まさに先生の言葉どおりオリーブオイルを「毎日の調味料」として使っています。

立川 オリーブオイルをかけると野菜も魚も素材の味がそのままに、より引き立つように感じられます。オリーブオイルを選ぶときには、どんなところに気をつけたらいいんでしょうか？

柳生 オリーブオイルを選ぶ基準でいちばん大切なのは、どのような状態で保管されてきたかですね。オリーブオイルは光と空気と熱によって劣化するため、いかに遮断しているかで選択するのがポイントです。遮光瓶、空気に触れない容器などさまざまな工夫が凝らされています。

海外からの輸送においてもコンテナが太陽の熱で長期間熱くなる船便よりも、飛行機便で運ばれたもののほうが、一般的に質が高いと言われています。

また搾油のとき、果実を破砕したペーストを練っていきます。温度を高くするとオイルの量は増えますが、27度以下のほうが品質が良いです。さらにこだわるならば、品種によって異なる個性と、同品種でも熟度によって変わる味の変化を楽しみながらお気に入りの1本をみつけるといいですね。

立川　なるほど、これからオリーブオイルを買うときの参考にします。

大切なことは、動脈硬化をはじめとする生活習慣病は、それになってしまってから治すのでは遅いということです。いかに未然に防ぐかが大切なのですが、そのためには、40代、50代になってから食生活を変えるのではなく、子どもの頃から、10代、20代にかけてヘルシーな食事習慣を身につけることが重要です。

私たちは「世界ハートの日」というイベントを毎年9月の第4日曜日に行っています。これは、心臓病や脳卒中の患者を減らす国際的な取り組みの一環で、さまざまな活動を行っています。全国のお母さんたちに動脈硬化を防ぐ食事を啓蒙することも考えています。

小豆島ヘルシーランドさんにも、和食やデザートにも合うオリーブオイルを使ったレシピなどをぜひ開発してもらい、全国の親御さんたちに広めていってもらえたらと思いますね。

柳生　子どもたちに小さな頃からオリーブオイルのおいしさに親しんでもらい、将来にわたって健康になってもらえたら、私たちも非常にやりがいがあります。先生のアドバイスをいかして、これからさらに事業を進めていきたいと思います。

今日はありがとうございました！

たつかわ・よういち　医学博士／大分岡病院院長。1986年大分医科大学（現・大分大学医学部）卒業。博士（医学）、MBA（経営情報学）。専門分野は循環器内科、とくに冠動脈疾患、末梢動脈疾患。日本内科学会総合内科専門医、日本循環器学会認定循環器専門医、日本心血管インターベンション治療学会名誉専門医、日本医師会認定産業医。大分大学医学部臨床教授、大分県立看護科学大学臨床教授。

3章

健やかな美肌をつくるオリーヴのすごい力

この章のテーマはオリーヴがもたらす「健康的な美」。

美肌づくりの第一人者として活躍する小林ひろ美さんには、オリーヴオイルを用いて毎日続けられるスキンケア方法を解説いただきます。

日本オイル美容協会のＹＵＫＩＥさんには、食べて、塗って、体に健やかな美しさをもたらしてくれる植物オイルの美容効果についてお聞きしました。

コスメを超えるコスメ
――肌を整える理想の美容オイル

美容家／株式会社美・ファイン研究所主宰
小林ひろ美

私がオリーブオイルを美容にいかすようになったのは、いまから20年程前にさかのぼります。ヨーロッパを旅行していて、ミス・ユニバースの女性と話す機会があり、その彼女がすごくきれいな肌をしていたのです。

「どんな基礎化粧品を使っているんですか？」と聞いたところ、「オリーブオイルよ」と答えが返ってきました。それまで私はオイルに対して、「ベタつきそう」「塗ったら肌がぎらぎらしそう」などと、どちらかと言えばネガティブな印象を持っていました。

もっと若い頃には当時の流行に乗って、日焼け用のオイルを使って小麦色の肌をしていたこともあったので、オイル＝日焼け用のオイル、もしくはクレンジングオイルとしか考えていなかったのです。

しかしその女性は、「**オイルを使うと、肌が柔らかくなる**」と言います。ファンデーションやチークのようなコスメを使う上でも、「肌の柔らかさ」はとても大切です。**私は「コスメとの会話」と呼んでいますが、柔らかい肌が保たれているからこそ、肌の上にのせるコスメの能力が最大限に発揮されます。**

しかし年齢を重ねたり、日焼けなどのせいで肌にダメージがたまると、皮膚はまるで肘や膝のように、固くごわごわとしてきます。そうなっては「コスメとの会話」はできません。化粧水を入れても弾かれてしまうし、どれほど高価なコスメを肌にのせても、浮いたようになってしまって違和感を与えてしまうのです。

当時の私も、若い頃の日焼けの影響もあったのでしょう、肌のトラブルに悩んでいました。カカトのようにゴワゴワと乾燥していて、化粧水を塗っても弾いてしまっていました。

オリーブオイルを塗って肌がみずみずしく柔らかくなった

私は、その女性の「オリーブオイルは肌を整えてくれる」という言葉を聞き、それまでの先入観を捨てて試してみることにしました。オリーブオイルは化粧水に比べても高いものではありませんし、「ダメだったらやめればいいだけだし」と半信半疑で、試しにその日の夜の入浴後、肌に塗ってみたのです。

するとすぐに、肌にすごくしっくり来る感じがしました。体に残ったシャワーの水滴とオイルが混ざりあい、肌にみずみずしさを与えてくれるような気がします。そして翌朝起きてみても、その肌のしっとり感はずっと残っていて、つやつやしているのです。嬉しくなって1週間ほど使い続けてみると、次第にあれほどゴワゴワしていた肌が、明らかに柔らかくなっていることを感じました。

その後もオリーブオイルを使い続けていると、オイルの成分が角質層のすみずみまで入っていくせいか、自然に余分な角質が軟化してはがれやすくなり、健やかな肌へと変化していきました。余分な角質がはがれたと言っても、ピーリングのように引きはがすのではなく、自然に除去される感じで、肌に負担がかかることはありませんでした。少々の日焼けにも耐えられるように、肌自体が健康になっていったのです。

「オリーブオイルはすごい。肌の角質層に浸透して肌を守ってくれている」と感じ、それ以来、オイルは私にとって、「**コスメを超えるコスメ**」となりました。

この自分の肌がオイルによって救われた経験から、それ以来、オイルが肌に与えてくれる素晴らしさ、なめらかさやインパクトを、多くの人に知ってもらいたいと思うようになりました。

「酸化しにくい」という美容オイルとして理想の成分

この4、5年で日本でもオイル美容が一般的になりつつあります。大手の化粧品メーカーもオイルを用いたコスメ製品を出し始め、一過性のブームではなくなったと感じています。きっとそれは、オイルを美容に使い始めたら病みつきになる人が多いからでしょう。**オリーブオイルで肌のマッサージを続けていると、肌表面がなめらかになり、余分な老廃物の排出を促します。**そうして肌の状態が良くなると、化粧水やコスメに含まれる良い成分が、角質層に自然に浸透していくのです。そうしたいわば「肌の交通整理」をしてくれる美容液は、オイルのほかにないと感じています。

オイル美容にはさまざまなメリットがありますが、注意しなくてはならないこともあります。それは美容オイルには、種類によって短期間で酸化しやすいものがあるということです。どれほど高価な美容オイルでも、いったん酸化してしまったら、肌に塗っても悪影響しか及ぼしません。

だからこそオイル選びでは、「酸化しにくいもの」を選ぶことがとても重要です。その点で、**オレイン酸を主成分とするオリーブオイルは油のなかでも非常に酸化しにくく、他の化学物質を加えていない自然成分でできているため、非常に安心な美容オイルであると**

言えます。

オレイン酸は私たちの肌の皮脂膜と成分が似ているので、肌になじみやすいという特徴があります。さらに**オリーブオイルはポリフェノールやビタミンEを豊富に含んでおり、美容オイルとしてはふさわしい成分**と言えます。

健康な状態が保たれている肌は外的刺激に強いので、トラブルも起こりにくくなります。オリーブオイルを日常的に塗ることで、自然と肌は整えられ、いつまでも健康な肌を保つことができるのです。

私はイタリア料理が大好きで、家庭でも外食でもオリーブオイルをよく食べます。料理で使う家の油は基本的にオリーブオイルです。

美と健康と心はすべてつながっています。オリーブオイルは塗って肌を美しくし、食べて健康になり、おいしさが心を豊かにしてくれる魔法のオイルなのです。

おすすめ！　私のオリーブ活用術　美容編

健やかな美肌に変わる！　小林ひろ美さん流の毎日続けられる簡単スキンケア方法

1　オリーブオイルの使い方を解説します。入浴後のリラックスタイムに、内側から外側に向かってらせんを描くようにオイルでマッサージします。こめかみに、老廃物が溜まる「ごみポケット」があるとイメージして、くるくると円を描くようにマッサージしてみてください。肌に残っている水分は拭き取らず、オイルとともに肌に優しくなじませるようにすると良いでしょう。

このときのポイントは、オイルをもったいないからといってケチらずに、たっぷりと使うことです。塗っているうちに自然に肌になじみ、皮膚の角質層に浸透していくことが感じられると思います。

2 フェイスマッサージをしたあとは、ホットタオルで温めてあげましょう。くるくると巻いたタオルにお湯を注いで蒸しタオルにして、広げて1分ほど顔に当てます。

冷めたらもう一度タオルを温め、2回あてるとさらに血行が良くなります。

3 年齢とともに、頭皮も下がってきますので、シャンプー前にオリーブオイルを手に取り、熊手のようにして頭皮を揉み込んであげましょう。

ポンポンと指の腹で叩くようにしてマッサージするのも血行を良くします。

このとき同時に、耳の周りをマッサージしたり、首筋からデコルテ（胸元）にかけて指で流すように刺激すると、老廃物の排出を促すことができます。

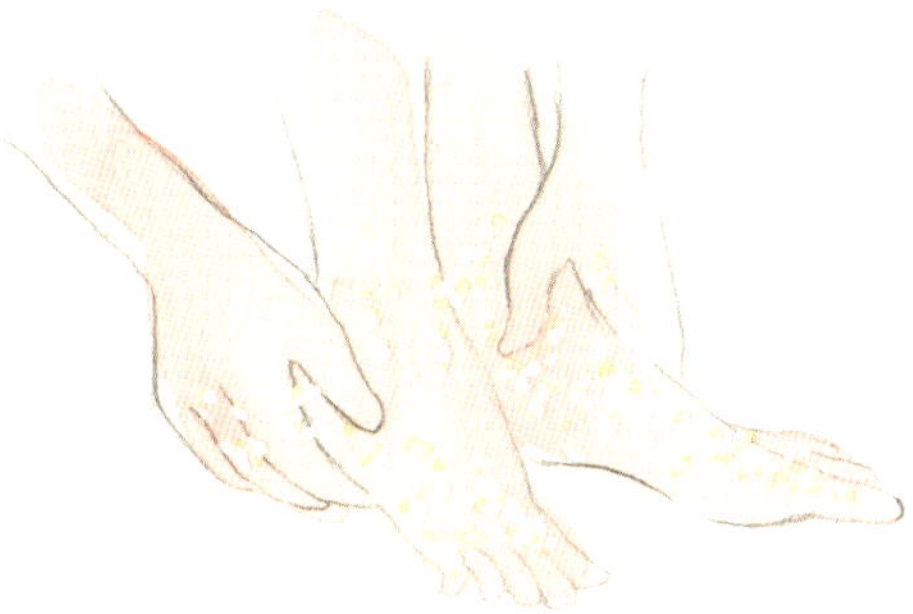

4　ボディスクラブの代わりにオリーブオイルを使ってみましょう。オリーブオイルに白砂糖とはちみつ、レモンを加えると、手づくりのボディスクラブができます。
ごしごしこするのではなく、関節部分などは手のひらでくるくる包み込むようにしてマッサージしてください。
スクラブをし終わったあとは、温かいシャワーで洗い流して、タオルで拭き取り、そのあとにまたオリーブオイルでマッサージすると良いでしょう。

こばやし・ひろみ　美容家／株式会社美・ファイン研究所主宰。大学卒業、米国留学の後、語学力と国際的センスをいかした翻訳や輸入業に携わる。91年、母・照子とともに株式会社美・ファイン研究所を設立。効果的な美容法は多くの女性の支持を集め、テレビや雑誌を中心に活躍中。企業の商品開発にもコンサルタントとして参加するなど、活動の幅を広げている。著書に『小林ひろ美の1日中どこでも24時間美容』ほか。

食べる、塗る——植物オイルが健康的な美をつくる

美容オイルコンシェルジュ／一般社団法人日本オイル美容協会代表理事
YUKIE

食べて健康になり、肌につけて美しくなる「植物オイル」。そのすばらしさをひとりでも多くの方々に知ってもらいたいと、２０１４年２月に「日本オイル美容協会」を設立しました。私はその代表として、「良質なオイルの選び方」や「効果的なオイルのとり方」を広める活動を行っています。

東京・表参道の日本オイル美容協会では、食と美容に関するセミナーを主催するとともに、併設するショップで世界の美容オイルを販売している

オイルを食すことは生きていく上で欠かせない

まずはじめに、オイルを「食べ物」として体内に取り入れることが、美容にとっていかに大切かをお話ししたいと思います。

人間にとってオイル、すなわち「脂質」をとることは、生きていく上で欠かせない行為です。その理由は大きく2つあります。

1つは**オイルが人間にとって大切な「バリア」の役目を担っている**からです。皮膚の一番外側の部分である角質層や、毛髪のキューティクル、目の角膜などは、すべて脂質を含んだ成分でできており、外部から異物が体内に入ってこないように人体を保護しています。

2つめの大切な理由は、**脂質が「細胞の原料」となる**からです。人間だけでなくすべての動物は、その細胞1つひとつが「細胞膜」と呼ばれる脂質でできた膜で区切られています。

口から摂取したオイルは、体内で分解されて、その細胞膜をつくる材料となるのです。

だからこそ、健康を保つには、良質な油を継続的にとることが欠かせません。

先の**2つの理由に加えて、脂質は「タンパク質」「炭水化物」とともに、体のエネルギー源となる「三大栄養素」の1つ**です。人がエネルギーにできるのは、この3つの栄養素以外にはありません。オイルは体をつくる部品であるとともに、私たちが体を動かすための「ガソリン」の役目を果たしています。

油というと「太る」「カロリーが高い」というイメージを持つ人は少なくありません。そのため脂分は炭水化物とともに、「ダイエットの大敵」と一般には思われています。**しかし人が食べた後に、血糖値が上がるのは、先の三大栄養素のうち炭水化物のみです。オイルを食べても血糖値に影響を与えません。**

近年流行の「ローカーボ・ダイエット」では血糖値の乱高下を防ぐため、炭水化物の摂取をできるかぎり減らす代わりに、タンパク質とオイルの摂取は制限しません。それは、オイルは炭水化物に比べて、圧倒的に太りにくいエネルギー源だからです。オイルは、タンパク質と炭水化物に比べて、グラムあたり2倍以上の燃焼カロリーを持っています。つまり三大栄養素のなかでもっとも「エネルギー効率」が高いのです。

年齢を重ねると、胃腸の消化能力が落ちていきます。できるだけエネルギー効率の良いオイルを積極的に食事に取り入れることで、消化が体にかける負担を減らすことができます。

オリーブオイルの優れた生理調整能力と美肌成分

三大栄養素には、このほかに、**「生理調整力」**と呼ばれる大切な機能があります。**免疫機能を高めて病気にかかりにくくしたり、体の「酸化」や「炎症」を防いだりしてくれるのです。なかでもオリーブオイルは、この生理調整力がとても優れています。**

オリーブオイルに60％以上も含まれる「オメガ9系」のオレイン酸は、血液中の悪玉コレステロールを除き、動脈硬化や心臓病、高血圧を予防する効果を持っていることで知られています。

さらに**オレイン酸には、胃酸の分泌をコントロールし、腸の蠕動《ぜんどう》運動を促進して、便秘を改善したり、胃の粘膜を強化して、胃もたれや胸やけを防ぐ効果があります。体内の新陳代謝を促進することで、体のなかから曇りのない、健康な透明肌へと導いてくれるのです。**

また、夏場の「熱中症対策」にもオレイン酸は効果を発揮してくれます。熱中症の予防には水分を補給することが欠かせませんが、大量の水分をとることで、体内の臓器が冷やされてしまいます。とくに急激に腸を冷やすと、腸の動きが鈍くなり、代謝が衰えます。夏場にお腹を壊すことが多いのは、それが大きな理由です。水分と一緒にオリーブオイルをしっかりととることで、熱中症予防や夏バテの対策にもなるのです。

さらにぜひ知っていただきたいのは、オリーブオイルに含まれる「脂溶性ファイトケミカル」です。ファイトケミカルは、野菜や果物に含まれる天然の化学成分のことですが、とくに有名なのが「ポリフェノール」です。**生物が老化したり、病気になったりする原因のひとつが体内の「活性酸素」の増加、つまり「酸化」であることが近年の研究でわかっていますが、ポリフェノールは強力な抗酸化作用を持っており、活性酸素から人体を守ってくれるのです。**

オリーブオイルには、人間の体内では合成ができない、ビタミンEがたくさん含まれています。ビタミンEにはいくつかの種類があるのですが、オリーブオイルに含まれるビタミンEは、「αトコフェロール」と呼ばれる抗酸化作用と活性酸素を抑える働きがとくに優れているもので、ポリフェノールとともに肌荒れを防いでくれます。

さらに食用のオリーブオイルから摂取できる美容成分で注目なのが、「**スクワレン**」です。スクワレンと言えば、深海サメの肝油からとったものが有名ですが、じつはオリーブオイルからも抽出することができます。**オリーブが太陽の光を浴びることで合成されるスクワレンは、酸素と結合しやすい性質があるため、別名「酸素の運び屋」とも呼ばれています。**血液を浄化したり、細胞の膜内に酸素を運搬したりすることで、肌を整えてくれる美肌成分なのです。

効果的なスキンケア――オイル美容で大切なのは「鮮度」

次に、オイルを肌に塗る、スキンケアのお話をしたいと思います。

中高年になると誰でも肌が老化し、くすんだりシワができやすくなります。**とくに女性は30歳がお肌のターニングポイントで、その時期にしっかりとケアをすることが、いつまでも若々しい肌を保つ上でとても大切になります。そのときに重要なのは、皮膚の角質層にしっかりとオイルを補給してあげることです。**そして皮膚のオイルケアでは「保湿」をいかにするかが鍵となります。

乾燥地域に住む諸外国の人々に比べて、湿度の高い日本の女性の肌は一般にきめ細かく、デリケートであると言えます。夏の気温も高く、汗ばむことも多いことから、「ベタつく」というイメージを持たれがちな美容オイルを敬遠する人も少なくありません。

しかし実際には汗をかくことで、同時に皮膚を守る大切な皮脂も流れ出ているのです。だからこそ、たっぷりと汗をかいたあとは、オイルを使ったスキンケアが大切になります。

私がおすすめするのは、**朝と夜の入浴後、2回のスキンケアです。お風呂やシャワーの後、顔や体に水滴がまだ残っている状態で、オリーブオイルを塗り込んでいきます。**イメージするのは「パスタ」です。茹でたパスタをお皿に取り出して、そのままにしておけば乾燥してカピカピになってしまいます。しかしそのパスタにオリーブオイルをたっぷりかければ、少し時間が経っても水分を含んだ状態が保たれ、おいしく食べられます。皮膚も同じことです。水分とともにオリーブオイルを塗り込むことで、保湿効果が高まるのです。乳液や美容クリームには必ずオイル成分が入っていますが、それは水分とオイルが合わさることで、皮膚の保湿効果が高まるからにはかなりません。

オイルを用いたスキンケアでは、「最大の美顔器」である手と指を存分に活用しましょう。指先で塗るだけでなく、手をアイロンに見立てて、皮膚に押し込むようにすることで、角質層に浸透させることができます。オイルがきちんと浸透すれば、肌の表面にいつまでも油分が残ることはなく、さらさらとした手触りになるはずです。

そしてオイルを使ったスキンケアでは、まず現在の自分の肌の状態を知って、それに合ったオイルを使うことが大切になります。私たちオイル美容協会のカウンセリングでは、その人のふだんの食習慣や、生活習慣のほかに、大きなストレスなどを抱えていないか、チェックをします。

あまり知られていませんが、じつは日本は、オリーブオイルの消費量で世界3位の国になります。それだけオリーブオイルは私たちの食卓に溶け込んでいますが、世界で流通するオリーブオイルのうち、確かな品質と言えるのは2割しかないそうです。

とくに**オリーブオイルを美容に効果的に使う上で大切なのは、その「鮮度」**です。オリーブの果肉から搾ることでつくられるオリーブオイルは、ごま油のような「種」から搾油される多くの油とは違って、樹木から実を落とした瞬間から、酸化・劣化が始まります。

そのため、良質で鮮度の良いオリーブオイルの生産者は、必ず自分の農場のなかに搾油する施設を持っています。オリーブオイルの瓶のラベルに「シングルエステート」と記載があれば、それは生産者と加工業者が同一であることの証明であり、良質なオイルを選ぶ上でのチェックポイントとなるでしょう。

オリーブオイルにはたくさんの種類があり、その香りも味わいも大きく異なります。自分に合ったオイルを見つけて、ふだんの生活に取り入れれば、きっと心も体も美しく健康になっていくはずです。

YUKIE　美容オイルコンシェルジュ／一般社団法人日本オイル美容協会代表理事。オイルの健康効果、美容効果を知り、アメリカでオイル学を学ぶ。毎年、春と秋に国内唯一のプレミアムオイル国際見本市「オイル・ジャパン」を主宰し、オイルソムリエを育てるスクールを運営する。暮らしに役立つ体験型オイルショップ「オイル・ファーマシー」を南青山にオープン。著書に『読むオイル事典』ほか。

4章　毎日の食事に取り入れたいオリーヴのすごい力

服部栄養料理研究会会長で、「食育」の提唱者でもある服部津貴子さんは、日本の食卓にオリーヴオイルを普及させた功労者のおひとりです。

「オリーヴと食」がテーマのこの章では、服部さんにオリーヴオイルを用いた料理のポイントと、簡単でおいしいおすすめ料理のレシピを教えていただきます。

体に良くて美しくなるオリーブ料理のレシピ

料理研究家／服部栄養料理研究会会長
服部津貴子

日本の食卓にオリーブオイルを紹介

「オリーブオイルを使った料理のレシピを、日本の食卓向けにつくってくれませんか？」そんなご依頼を国連傘下の国際オリーブ協会から受けたのは、いまから約30年前、1988年のことでした。当時は、イタリア料理店が現在よりずっと少なく、「スパゲティ」

と言えば、フライパンで麺をウィンナーや玉ねぎと一緒にトマトケチャップで炒めた「ナポリタン」がふつうだった時代です。

その頃、日本の一般の人にとって、オリーブオイルは「地中海地域で使われている珍しい油」というイメージでした。輸入食材店にでも行かなければ手に入らず、家庭料理にオリーブオイルを使う人はほとんどいませんでした。

しかし、たまたま私は、幼い頃から母の影響でオリーブオイルに親しんでいました。服部学園理事長・校長を務めた私の母は、若いときからいちはやくオリーブオイルを料理に取り入れ、レシピを研究するほかにも、家でも常備して家庭料理に使っていたのです。また料理に使うだけでなく、毎日美容オイルとしても愛用していて、母が入浴後によくオリーブオイルでマッサージをしていたことを覚えています。

母がオリーブオイルを使ってつくる料理はとてもおいしく、体に良くて、食べていれば美しくなる……そんな記憶が小さな頃にしっかりと刻み込まれました。

そのようなわけで大人になってから、「日本でもっとオリーブオイルを普及させたいので、料理レシピを開発してほしい」という依頼を受けたことは、私にとっても非常に嬉しく、やりがいのある仕事となりました。

オリーブオイル料理を広める

私が考えたレシピは、日本で初めての本格的なオリーブオイルを使った料理本となりました。

伝統的なイタリア料理の前菜から主菜、パスタ、デザートはもちろんのこと、日本の家庭料理に使ってもらうという狙いでしたので、和食もあれば、中華、寿司、揚げ物など、ありとあらゆる料理でオリーブオイルを用いたレシピをたくさん考えました。そんな試みができたのは、オリーブオイルが素材の味を邪魔せずに、よりおいしく引き出す油だったからです。

地中海沿岸を私はこれまで何度も仕事やプライベートで旅行しましたが、そこで出会った食事は、どれも日本の伝統的な食生活ととてもよく似ていました。主食だけは日本人は米食が主体、地中海の人びとはセモリナ粉（パスタ用の小麦粉）という違いはありましたが、肉や魚、四季折々の野菜や豊富な果実を、食材のおいしさを上手にいかしながら料理する、ヘルシーな伝統食の文化に、とても共通するものがあったのです。

このとき考えた料理のレシピは、私たちが経営する料理学校の授業で生徒たちに教えるほか、プロの料理人や家庭の奥様方を対象とした、さまざまな料理教室でも広めていきました。それから30年が経って、いまではオリーブオイルは日本ですっかりメジャーな料理油となっています。レシピ開発後の10年で、日本への輸入量は10倍になり、いまでは世界3位のオリーブオイル消費国となりました。日本におけるオリーブオイルの普及の黎明期に、料理の仕事を通じて貢献することができたのは、私の大きな誇りとなっています。

いつもの料理に使う上でのポイント

オリーブオイルは世界に数万種類あり、味わいや香りもそれぞれ違います。そこでどのオリーブオイルが、どういう料理に合うかを知るのも大切なことです。

一般的には、山沿いの地域にある農家でつくられたオリーブオイルには、野菜や果物、お肉などの「山の幸」を合わせるのがオススメです。その逆に、海沿いの地域で搾油されたオリーブオイルには、魚介類などの「海の幸」を合わせてあげると良いでしょう。

とはいえ家庭で料理をするときに、難しいことを考える必要はありません。たとえばスーパーで買ってきた明太子に、オリーブオイルを垂らしてあげるだけで、唐辛子の辛味がまろやかになり、味わいが深くなります。山芋を短冊に切ったものや、ネギの小口切りにかけても、野菜の味が引き立ちます。じゃこ炒めも山椒の実の代わりに、オリーブの実をオイルと一緒にソテーすると、マイルドなコクが出ます。

しょうゆや味噌などの、日本の調味料ともオリーブオイルはとてもマッチするのです。しょうゆとオリーブオイルと酢、それに少しだけマスタードやコショウなどのスパイスを加えてあげれば、野菜にかけても魚とマリネしてもおいしい、万能のドレッシングができます。

エキストラバージンは香りが強く、味の特徴がはっきりしているオイルですので、濃い味わいの食材と合わせると、お互いの強さがぶつかりあって互いの良さを消してしまうことがあります。味が濃い食材にはさっぱりとしたオイル、淡白な味わいの食材には、少し香りや味わいが濃いオイルを組み合わせてあげると引き立つでしょう。

白いご飯にエキストラバージンオイルをかけて、少し塩を振って食べてみてください。きっとおいしさにびっくりするはずです。豆腐のような淡白な味のものも、オリーブオイルがとても良く合います。いつもの朝食の塩ジャケに、一たらしかけてみても、オリーブオイルの良い香りがいつもより食欲を刺激してくれるでしょう。

ギリシャなど地中海地域で暮らす人たちも、魚を塩焼きしたものにオリーブオイルとレモンをかけただけで食べています。ソースや何かで手間ひまかけて煮込んだりするより、そうして食べるほうが魚は一番おいしいと知っているからです。

オリーブオイルは基本的にどんな食材、料理にも合う油です。レシピ通りにつくればおいしい料理はできあがりますが、ぜひ自由な発想で、いろんな調理法を試してみてください。

保管の注意点

オリーブオイルは生のオリーブの実を搾っただけですから、瓶詰めされたものも一種の「**生鮮食品**」です。オリーブオイルは保存のための添加物が一切入っておりません。ワインと同じで、保管の状態が悪いと味が落ちてしまいます。そのため**搾りたてのものを、なるべく鮮度が良い状態のまま、ボトルを開封したら早めに使い切ること**がポイントです。

地中海沿岸の家庭では、料理にふんだんに使いますので５００ｍＬのオイルでも短期間で使ってしまいますが、そんなに頻繁に使わないのであれば、小さめの瓶を買ったほうが良いでしょう。

オリーブオイルを保存するときは、光と熱に弱いので、**涼しくて暗い場所に保管するのが鉄則**です。蛍光灯ぐらいの弱い光でも、ずっと浴びていると劣化が進行していきます。冷蔵庫に入れると低温になるため白く濁ってしまいますので、光が入らない台所の戸棚にしまうのがおすすめです。多くのオリーブオイルの瓶は、光を遮断するように色がついていますが、あまり色が濃くない瓶の場合、アルミホイルで瓶をくるむと良いでしょう。

オリーブオイルを食育に

オリーブオイルはいまではすっかり、日本の家庭の台所にも普及しましたが、もともと日本の料理と地中海料理では、オイルの種類ととり方に大きな違いがありました。日本ではサラダ油に代表される、リノール酸系の植物油が中心ですが、地中海沿岸地方ではオレイン酸が豊富なオリーブオイルをどんな料理にも使います。

リノール酸は、善玉コレステロール（HDL）と悪玉コレステロール（LDL）の両方を上げる働きがありますが、オレイン酸が主体のオリーブオイルは、悪玉コレステロールの値だけを下げてくれるのです。**血液をきれいにしてくれるオリーブオイルは、摂る量さえきちんと守れば、とてもヘルシーな油です。野菜や魚介類をたくさん食べる日本人の食生活に、オリーブオイルが加われば、さらに健康的な毎日を送ることができるのです。**

オリーブの実を搾ってつくるオリーブオイルは、まさにオリーブのジュースと言える天然の貴重な恵みです。すべての人の体は食べたものからつくられます。だからこそ、体に良い自然の食べ物を、バランス良く食べることがすべての健康の基本となります。

食べることとは、すなわち生きること。食の大切さを学ぶことで、生きる力そのものを学ぶ「食育」の啓蒙活動は、私が近年、もっとも力を注いでいることです。お子さんにもぜひオリーブオイルをおすすめします。

２００７年に「食育基本法」が制定されて以来、食育はすっかりメジャーとなりました。近年では、多くの学校や幼稚園、保育園で食育が行われるようになりましたが、実際に行う上で、ぜひ取り入れてほしい食材がオリーブオイルになります。

なぜオリーブオイルが食育に合っているのかと言えば、オリーブオイルに多く含まれるオレイン酸は、子どもの骨格の発育および骨のミネラル化（カルシウムの沈着）を促進します。また乳児の栄養においてリノール酸とリノレン酸のバランスが崩れると、脳組織の発達などに悪影響がありますが、オリーブオイル中の両脂肪酸の構成比は乳児の理想的な栄養食物である母乳に似通っているため、離乳食にも安心して使用することができます。

１００歳以上まで生きる――長寿をつくるオリーブオイル

現代人の多くは、食べ物から、防腐剤などの食品添加物を毎日のように体に取り込んでいます。食品添加物にも、体にあまり影響を与えないものと、長期的にとるべきでないものがありますが、なかでも防腐剤は体に蓄積されると言われています。土葬が中心のアメリカでは、防腐剤が広く食品に使われるようになってから、墓地に埋められたご遺体が土に還らなくなり、問題となっているという話すらあるほどです。

オーガニックワインと同様に、生産者がこだわってつくっている100％天然成分のオリーブオイルは、そのような食品添加物の心配が一切ありません。量さえ摂りすぎなければ、おいしく料理を引き立てながら、健康の土台をつくっていってくれる油なのです。

最近、世界の医療の研究者のあいだで、100歳以上まで生きる「**センテナリアン**」と呼ばれる人が、どんな食事を摂ってきたのか注目を集めました。その調査によれば、野菜や魚、ナッツ類などをたくさん摂り、肉や動物性脂肪はあまり食べない地中海沿岸部と、伝統的な和食を食べている日本は、世界有数の長寿地域となっているようです。

しかし問題は、日本の伝統的な料理が、人びとの生活スタイルの変化により、この70年ほどのあいだで大きく変わっていることです。日本人が欧米人に比べて肥満が少なく、以前は生活習慣病になる率も低かったのは、伝統的な和食を食べていたからだと言われています。

人間の体は、100年や200年では変化しません。私たちの体は、何万年も前に日本に暮らし、この地で採れた産物を食べて育ってきた祖先と、基本的に同じなのです。だからこそ、昔ながらの和食にオリーブオイルを取り入れることで、現代風にアレンジし、おいしくヘルシーに食べるライフスタイルをおすすめしたいと考えています。

おすすめ！　私のオリーブ活用術　料理編

トマト素麺

［材　料］（4人分）

素麺　240g（4束〜5束）
きゅうり　1本
黄にら　1／2袋
カニ身　40g
トマト　2個
トマトの中身　85g
バルサミコ酢　15cc
しょうゆ　5cc
塩　約3g
山葵　小さじ1／2
エキストラバージンオリーブオイル　100cc
紫芽　大さじ3
ブラックオリーブ　10個

［つくり方］

1　素麺は茹でて冷水に取り、水気を絞る。
2　きゅうりは5〜6cmの長さの千切りにする。黄にらはさっと茹で、5〜6cmの長さに切る。
3　カニ身は軟骨を取り除き、ほぐしておく。
4　ブラックオリーブは8等分に切る。
5　トマトは湯むきにし、4等分のくし型切りにし、果肉となかの部分に分け、外側の果肉は千切りにし内側の果肉は刻んでおく。
6　ボウルにトマトの中身とバルサミコ酢、しょうゆ、塩、山葵、オリーブオイル、紫芽、ブラックオリーブを混ぜ合わせ、ソースをつくります。
7　半量のソースと素麺を混ぜ合わせ、器に盛り、トマト、きゅうり、黄にら、カニ身、紫芽を盛り、まわりに残りのソースをかける。

きのこのリゾット

［材　料］（4人分）
米　2カップ
きのこ（しめじ、マッシュルームなど）　200g
オリーブオイル　1／5カップ
赤唐辛子（種を除く）　適量
玉ねぎ（みじん切りにしたもの）　60g
オリーブオイル　適量
ブイヨン　5〜6カップ
パセリ（みじん切りにしたもの）　適量
塩・胡椒　各少々

［つくり方］
1　米は洗って水をきっておく。きのこは小房に分けたり、小さく切っておく。
2　鍋にオリーブオイル1／5を熱し、赤唐辛子、玉ねぎのみじん切り、さらに米を加えて炒め、ブイヨンを加え、あまりかき混ぜないようにして弱火で煮込む。汁が少なくなればブイヨンを足し、米がやわらかくなるまで煮る。
3　残りのオリーブオイルできのこを炒める。2のなかに3のきのこを加えて塩、胡椒で調味し、パセリをふって仕上げる。

まぐろのさしみ　マリネ風

［材　料］（4人分）
まぐろ（さしみ用）　500g
長ねぎ　1本
あさつき　1束
青じそ　12枚
酢　大さじ3
塩・胡椒　各少々
濃口しょうゆ　大さじ2
エキストラバージンオリーブオイル
3／4カップ
アーモンドスライス　20g

［つくり方］
1　まぐろは4cm幅、1cmの厚さのそぎ切りにする。
2　長ねぎは5cmの長さに切って、縦に包丁目を入れ、芯をとり、繊維に沿って細い千切りにし、冷水にさらしてから水気をふきとる。
3　あさつきは小口切りにする。青じそは細い千切りにする。
4　ボウルに酢、塩、胡椒、濃口しょうゆを入れて混ぜ、泡立て器で混ぜながら、徐々にオリーブオイルを加え、ドレッシングをつくる。
5　皿にまぐろを平らに並べ、上に長ねぎ、青じそ、あさつきをこんもりと盛る。アーモンドスライスをオーブンでカリッと焼き、冷ましてふりかけ、4のドレッシングをかける。

豚肉と野菜のシンフォニー

［材料］（4人分）

豚ロース肉（1枚120gのもの）　4枚
塩・胡椒　各少々
トレビス　1／4個
チコリ　1／4株
エンダイブ　1株
マーシュ　1パック
赤ピーマン　1／4個
黄ピーマン　1／4個
トマト　1個
バジリコ　1枚
酢　1／4カップ
エキストラバージンオリーブオイル
3／4カップ

［つくり方］

1　豚ロース肉は脂肪を切り取り、塩、胡椒をして網にのせて両面を焼き、1cm幅に切って冷ます。

2　トレビス、エンダイブはひと口大に手でちぎり、チコリは葉をはがしてひと口大に切る。マーシュは葉をちぎりとる。赤、黄ピーマンは種をとって5cmの長さの千切りにする。野菜は冷水にさらしてから、水気をよくきる。

3　トマトはヘタをくりぬき、熱湯を通して皮をむき、少し粗めのみじん切りにする。バジリコも同様に少し粗めのみじん切りにする。

4　ボウルに酢、塩、胡椒を入れて混ぜ、泡立て器で混ぜながら徐々にオリーブオイルを加えてドレッシングをつくり、2の野菜を入れて混ぜ、食べる直前にトマトとバジリコを加えて混ぜる。

5　器に豚ロース肉を盛り、4の野菜をたっぷりとかける。

ツナと玉ねぎの冷や奴

［材　料］（4人分）
絹豆腐　1丁
玉ねぎ　1／2個
ツナ　100g
青じそ　6葉
酢　大さじ1
塩　胡椒　各少々
濃口しょうゆ　大さじ1
エキストラバージンオリーブオイル　大さじ2

［つくり方］
1　絹豆腐は縦横4等分に切る。
2　玉葱は繊維に沿って千切りにし、冷水にさらしてから水気を拭き取る。
3　ツナ缶は缶汁を捨ててほぐす。青じそは細い千切りにする。
4　ボウルに酢、塩、胡椒、濃口しょうゆを入れて混ぜ、泡立て器で混ぜながら徐々にオリーブオイルを加え、しょうゆドレッシングをつくる。
5　ボウルに玉葱、ツナを入れしょうゆドレッシングを加え混ぜ、しばらくおく。

6　器に絹豆腐を盛り、玉葱とツナをのせ、青じそを散らす。

地中海風サラダ

［材　料］（4人分）

トマト（4つ切りにしたもの）　3個分

きゅうり（皮をむき薄い輪切りにしたもの）　1本分

玉ねぎ（薄い輪切りにしたもの）　1個分

ピーマン（小、輪切りにしたもの）　2個分

エキストラバージンオリーブオイル　大さじ2

白ワインビネガー　大さじ2

フェッタチーズ（小さめの角切りにしたもの）　100g

ブラックオリーブ　24個

パセリ（みじん切りにしたもの）　小さじ1

塩・胡椒　各少々

［つくり方］

1　野菜にオリーブオイルとビネガー、塩、胡椒を加え、混ぜ合わせる。

2　仕上げにチーズとオリーブを飾り、パセリを散らして出来上がり。

モーニングオレンジ

［材　料］（4人分）
オレンジ　4個
はちみつ　適量
エキストラバージンオリーブオイル　適量
［つくり方］
1　オレンジは皮をむき、輪切りにする。はちみつとオリーブオイルは、1対1の割合で混ぜ合わせ、オレンジにたっぷりとかける。

はっとり・つきこ　料理研究家／服部栄養料理研究会会長。1972年服部流家元に就任。フランス・スイス留学後、服部栄養料理研究会会長・服部学園常任理事・服部栄養専門学校校長代行として現在に至る。国際オリーブオイル協会（IOC）コンサルタント。農林水産省林野庁日本特用林産振興会委員。ギリシャ料理大使。東京商工会議所第一号議員。著書に『What is 和食WASHOKU?』（服部幸應と監修、こどもくらぶ編）ほか。

5章　オリーヴと共に生きるライフスタイル

オリーヴの利用法は、オイルだけにとどまりません。

本章では、他の種類の木工製品とは一線を画す、天然のオリーヴ材を用いた家具や雑貨、建材開発の取り組みについてご紹介します。

瀬戸内・小豆島を旅した人気エッセイストの岸本葉子さんには、オリーヴを生活に取り入れることも含めた、自然体で健やかな毎日を過ごすための心得をお聞きしました。

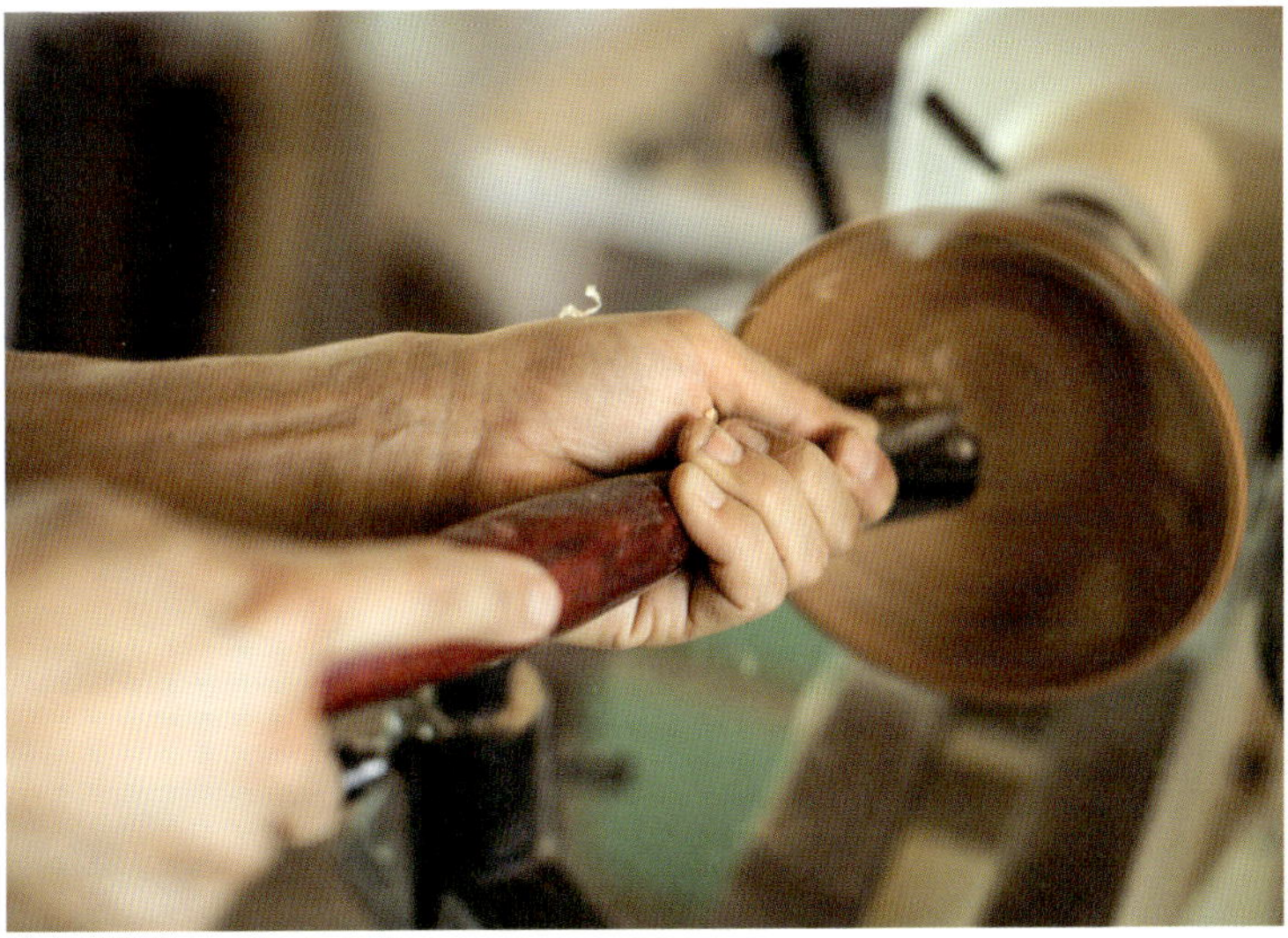

天然のオリーヴ材が香る、健やかな暮らしと住まい

オリーブオイルソムリエ
小豆島ヘルシーランド株式会社取締役副社長
柳生忠勝

取材・文　小豆島ヘルシーランド

オリーヴ材の家具・雑貨ブランド「magokoro」にかけた思い

「オリーヴは古くから、食材として、薬として、人びとの生活を豊かにしてきました。その果実だけでなく、オリーヴの樹木そのものが持っている魅力をあますところなく伝えたい。そう考えてはじめたのが、『magokoro』です」

（上）　magokoroの商品はすべて手づくり
（中）　magokoroの器などを使って食卓をコーディネート
（下）　チュニジアからオリーヴの木を運ぶ

magokoroは、オリーヴの木を素材とする家具や雑貨などのブランド（156〜157ページ参照）。小豆島で古くから商売を営んできた柳生家は、昔から「忠兵衛」という屋号で呼ばれてきたと言います。「忠」という文字には真心という意味が込められており、そこからブランド名が付けられました。

ことの起こりは2014年。オリーヴの一大産地として知られる北アフリカ・チュニジアを視察したことがきっかけで、このプロジェクトが立ち上がりました。

「チュニジアは1000万人の国民に対して、8000万本ものオリーヴの木が植えられている世界有数のオリーヴ大国です。そこで、市街地の開発にともない、インフラ整備のために伐採され廃棄される予定のオリーヴの街路樹を見たのです。

これだけ大きく育ったオリーヴの木が捨てられてしまうのは、あまりにも惜しい――小豆島でオリーヴと暮らしてきた自分にとって、それは耐えられないことでした。それならば私たちが引きとって加工することで、日本人の生活に役立てることができるのではないか。そう考えて、日本に輸入することを決めました」

チュニジアから小豆島に大型船で運ばれたオリーヴの木は、全部で60トンにものぼったそうです。その多くが、樹齢300年以上の巨木。どう加工すれば良いかを考えていたとき、日本の伝統技術を現代風にアレンジして新しいものづくりを育む、KARAFURUの黒田幸さんと知り合いました。

「お話しするうちに、私たちがしなければならないことが見えてきました。小豆島にやってきたオリーヴの木を未来につなげる。それが私たちの使命だと思いました」

そして黒田さんから、瀬戸内在住のふたりの職人を紹介されます。ひとりは香川の伝統工芸品である欄間彫刻「朝倉彫刻店」の6代目、朝倉準一さん。もうひとりは香川県高松市で工

（上）　オリーヴ材について語る職人たち
（中）　bungalowの黒川良太さん（左）
（下）　朝倉彫刻店の朝倉準一さん

房「bungalow」を営む家具職人、黒川良太さん。

「ふたりは自分と同世代で、小豆島ヘルシーランドがオリーヴにかける思いを伝えたところ、初対面から意気投合しました。300年以上ものあいだ生きてきたオリーヴの木をいかして本当にいいものをつくり、暮らしのなかで長く使ってもらう。家族で代々大切に受け継がれていくものをつくろう、というコンセプトが決まりました」

職人の朝倉さんと黒川さん、ふたりともオリーヴ材を扱うことを楽しみながらこの仕事に取り組んでくれたと言います。
オリーヴはほかの木材に比べて硬質で、しっとりとした手触りを持ちます。その特性をいかし、ダイニングテーブル、お皿、カットボード、一輪挿しの花瓶やコームなど、9つのmagokoroブランドの製品が生み出されました。

「まず私からふたつだけオーダーを出しました。それは、暮らしのなかで使えるもの、そしてここにしかないものをつくるということです。そのあとはおふたりのセンスにお任せしました。試作品ができあがってきたら、その都度アイデアや意見を交換し、完成に近づけていきました。
magokoroの商品を見てもらうとわかりますが、どれも木目が美しい。オリーヴ材のどの部分を使うかで表情が変わります。朝倉さんも黒川さんも職人として木と向き合ってきた人です。だからでしょうか。おふたりから生まれたものはどれも心地いい。見て、触れて、使っていて心地いいんです。無駄な装飾もありません」

いずれも、天然のオリーヴの木目と曲線が魅力の「長くつきあっていける」実用的なデザインで、ひとつとして同じ形、模様のない一点もののハンドメイド。東京・自由が丘と恵比寿のフラワーショップ、代官山蔦屋書店などのセレクトショップで展示販売したところ、訪れた多くの人びとが手にとり、好評を得ました。

チェス盤と駒、
奥西希生さんの作品

「チュニジアのオリーヴと瀬戸内の職人たちの技が融合したことで、新しいオリーヴの魅力を引き出すことができました。ものづくりに携わっている彼らを見ているとかっこいいんですよ。でも、いまこうしたすばらしい技術、伝統的な職人の技が失われようとしています。職人さんたちの活躍の場、仕事をつくっていくこともこれからの私たちの役目かもしれません。

そして自分の使命は、何よりも『オリーヴの価値』を高めることだと考えています。そのためにも、今後さらに国内外の優れた職人やアーティストと協力して、さまざまなものづくりに取り組んでいきたいと考えています」

その一環として、magokoroブランドとは別に、鎌倉彫の若手作家として注目される奥西希生さんにオリーヴ材のチェス盤と駒を製作してもらうことに。3か月をかけて完成した作品は、彫刻として一級品、まさに「芸術」と言えるものに仕上がりました。

「オリーヴ材の製品は、使っているうちに油分が染み出し、表面にしっとりとした肌触りを生み出します。たとえば、オリーヴ材でスマホのケースなどもつくれるかもしれません。そんな風に、オリーヴの木を使ってさまざまな『遊び方』をともに考えていただけるクリエーターの方々と、知り合っていきたいですね」

チュニジアから届いたオリーヴの木材

北アフリカのチュニジアへ―― オリーヴの木には住宅建材としての可能性も

「私たちはオリーヴの木材を国内の会社で唯一、数十トン単位で保有しておりますので、現在でも十分な量の原材料があります。それに加えて、本格的に生産販売ができる段階になったところで、チュニジアに会社を設立し、日本にオリーヴ材を輸出する体制を構築しようと考えています。

　チュニジア産オリーヴを使った家具や雑貨は木目が非常に美しく、大理石の彫刻のような存在感があることから、イタリアやフランスでは高級品として愛用されています。またチュニジアではよく家の扉に使われており、建材としてもおもしろい可能性を秘めています」

　チュニジアに設立する会社では、オリーヴ材の1次加工を行って日本に輸出する業務とともに、チュニジアにしかないオリーヴと相性の良い植物なども取り扱う予定。現地に会社をつくりたいと考えるようになったのは、出張した際に案内役をお願いしたガイドさんから、「最近、この国では失業率の高まりから、若者が仕事に就けない」という話を聞いたことがきっかけだったそうです。

「チュニジアの地元に、自分たちが誇りとする国の木、オリーヴを用いた商品を生産販売する仕事ができれば、昔から平和と繁栄を象徴する木として知られてきたオリーヴを通じて、社会に貢献できるかもしれない。それは大きなやりがいですね」

栽培もするオリーブオイルソムリエとして世界を旅する

2015年、小豆島ヘルシーランドが生産する食用のオリーヴオイルは、日本の生産者で初めて、ロサンゼルス国際エキストラバージンオリーブオイル品評会の「金賞のなかの金賞」と呼ばれるベストオブクラスを獲得。さらに2017年には、イタリアの国際オリーブオイル品評会で日本国内の生産者として初の「特別賞」を受賞しました。

「ロサンゼルスの品評会では最初に出品した年が銀賞、その次が金賞でしたので、ついに最高の賞をもらうことができました。これまで私たちが生産するオイルは化粧品として使用するも

オリーブオイルソムリエとして

チリのオリーヴ農家の収穫作業に立ち会う

のがメインでしたので、食用品としてのオリーヴの栽培や加工の技術にも、お墨付きを得ることができたと考えています」

オリーヴの魅力をもっと世の中に広めていきたいという思いから、「オリーブオイルソムリエ」の資格もとり、テイスティングの方法や、食材に合ったオリーヴオイルの使い方などの指導も、メディアを通じて行っています。


「不運にも、最初に出会ったオイルの質が良くなかったために、『オリーヴオイルはまずい』と思っている人も世の中には少なくありません。そういう方にはぜひテイスティングを体験してもらい、本当に良いオリーヴオイルのおいしさを知ってほしいと思っています。

オリーブオイルソムリエは日本にたくさんいますが、自分で栽培をしている人は多くはいません。オリーヴ農家は質の高いオイルを生み出すために、驚くほどの手間をかけています。私たちが1瓶のオリーヴオイルに込めた価値を、ひとりでも多くのお客様に伝えていきたいです」

提携するイタリアのオリーヴ農家のパートナーに、食事の席で、「なぜこの仕事を続けているのですか?」と質問したことがあったそうです。彼らは口をそろえて、「それは情熱があるからだよ」と答えたと言います。

「その気持ちは私もまったく同感です。オリーヴは食材として食べておいしく、飲めば健康に良く、塗れば肌を美しく保ってくれます。さらに、家具や雑貨の材料としてもすばらしい。こんなに人に恵みを与えてくれる植物は、そうありません。

スペイン、チュニジア、南フランス、オーストラリア、イタリア、チリ……。オリーヴを生産する世界中の国に足を運び、その国ならではのオリーヴが持つ『宝物』を日本に持ち帰りたい。海外には、まだまだ私たちが知らない、情熱的なオリーヴ農家や、見たことのないオリーヴの品種があるはずです。小豆島に本拠地をおいて仕事をしながら、世界の人びとと一緒に働けることが、この仕事の魅力です」

やぎゅう・ただかつ　1980年小豆島生まれ。多摩大学経営情報学部卒業。出版社での勤務を経験し、2005年父が創業し、現在は兄が代表を務める小豆島ヘルシーランド株式会社に入社。2013年より、日本ヘルシーランド株式会社代表取締役兼務。「心と体の健康を追求して小豆島の発展に寄与する」という社是の実現に向け、「素直、前向き、勉強好き」をモットーに世界中の仲間とオリーヴの仕事に取り組んでいる。

本稿は『せとうち暮らし』18号所収の記事「小豆島からはじまる、オリーヴのモノがたり」を元に再構成しました。

移り変わる季節を迎えに行くように、日々の自分の変化を楽しむ

エッセイスト
岸本葉子

今年の3月半ば、ある旅行雑誌の「島へひとり旅する」という特集の企画で、小豆島を訪れました。

旅行先にはいくつか候補の島があったのですが、なかでも小豆島は神戸や大阪などの都市部からもアクセスが良く、女性にとって旅がしやすいと聞いていたのが決め手となりました。

小豆島へは、四国の高松から1時間ほど船に乗って向かいました。甲板に立ってかもめの声を聞きながら、海風に吹かれていると、「旅をしている」という感覚が強くこみ上げてきます。

じつは小豆島へは、10年程前にも訪れたことがあったのですが、そのときは瀬戸内海の別の島の旅行がメインで、ほんの短時間、立ち寄っただけでした。

船が小豆島に着き、出迎えに来ていただいた観光協会の方の車に乗ると、道路の脇にはオリーブの樹木が立ち並び、遠くの丘には風車が見えます。その光景は、まるで地中海やエーゲ海の島のようで、「高松からたった1時間でこんな風景のなかにいるんだ」という驚きとともに、ワクワク感を覚えました。

このときの旅行では、小豆島へルシーランドの相談役と、20年ぶりにお会いすることができました。初めてお会いしたのは、世の中でやっとオリーブオイルが食用として知られはじめた頃です。ある洋酒メーカーのお仕事でお会いして、それからしばらく、小豆島へルシーランドの美容オリーブオイルを送ってくださったのです。

その後、私が引っ越してしまったことなどもあり、しばらく連絡をとっていなかったのですが、せっかく小豆島を訪れたので、久しぶりにご挨拶できればと思いました。案内してくださった方に、「柳生さんという方がいらっしゃいませんか」と尋ねると、その方のご主人が偶然にも、小豆島ヘルシーランドで働かれていたのです。

島を訪れた翌日、久しぶりにお会いした柳生相談役は以前と変わらずエネルギッシュで、スペインから移植したという「樹齢千年のオリーヴ大樹」を案内してくださいました。

瀬戸内海を見下ろす小高い丘に植えられたオリーブの千年大樹は、実をつける前の茂った葉が春の穏やかな日差しに照らされ、訪れた人を祝福するかのように銀色に輝いていました。オリーブは何千年も昔から、人間にとって「生命の樹」として親しまれてきたと聞きましたが、千年大樹を見ていると、その強い生命力が自然に伝わってくるようで、心と体に優しいエネルギーがみなぎってくるような感覚を覚えました。

オリーブオイルを食す世界を旅して

これまで仕事でいろいろな海外の国々を旅行しましたが、なかでも記憶に残るのは、不思議とオリーブと縁の深い土地ばかりです。

16年ほど前、イタリアに仕事で行ったときには、食堂のテーブルに必ずオリーブオイルが塩やヴィネガーとともに置いてあるのを見て、おもしろく感じました。地元の人たちは、まるで日本の食堂に置いてあるしょうゆやソースのように、料理やパンにオリーブオイルをかけて、食事を楽しんでいました。

同じ頃に別の仕事でスペインに行ったときにはこんな経験もしました。朝食を食べようとバールに入り、コーヒーと一緒にピンク色のペーストが載ったバゲットを食べると、それがびっくりするほどおいしかったのです。

思わずお店の人に「これはなんですか？」と聞くと、「トマトとオリーブオイルに、残りもののパンをフードプロセッサーにかけただけだよ」とのこと。ハーブや他の調味料も入っているかと思いきや、たったそれだけの食材が、オリーブオイルによってこんなにおいしくなるのかと、驚いたことを覚えています。

またクロアチアでは、山間部に住む女性たちの伝統的な食事の復興運動を取材しました。そこに住む人びとにとって、昔から食べてきた食事を象徴するものがオリーブオイルで、年配の女性からは「毎年オリーブの実がなる頃には、子どもから老人まで総出で収穫したものよ」と聞きました。

山の斜面に生えているため、機械で摘むことが難しいこともあるのですが、手で摘んだほうが実の傷みも少なく、質の良いオリーブオイルがとれるのだそうです。その地で食べた「トリュフのオリーブオイル漬け」も非常に美味で、印象に残っています。

そんな旅の影響もあって、私は食事のほとんどを自炊しているのですが、いまでは家の油はオリーブオイルだけを使うようになりました。

もともとバターやラードなどの動物性の脂は使わなかったのですが、以前は2種類のごま油とグレープシードオイルも料理に使用していました。しかし油が何本もあると、使い切るのに時間がかかり、古くなって酸化しやすくなります。それでいつの間にか炒め物も揚げ物も、ちょっとした風味付けもすべて、オリーブオイルを使うようになりました。家庭で使っているオリーブオイルは、あまりスパイシーでなく、苦味もそれほど強くないマイルドなものです。

オリーブオイルのいいところは、食材の味を邪魔しないことです。野菜をドレッシングで食べると舌には「ドレッシングの味」が残りますが、オリーブオイルと塩だけをかけると、野菜のおいしさがしっかりと味わえます。

生の魚の刺身などもオリーブオイルと塩で食べます。ちょっと味がさっぱりしすぎて物足りないな、というときにオリーブオイルをひとたらしするだけで、料理にこくと深みが出るのが魅力です。サラダはもちろん、ホームベーカリーでパンを焼くときもバターの代わりに使用していますし、中華っぽいものをつくるときも、以前はごま油を使っていましたが、オリーブオイルでも干し椎茸や干しエビ、ネギや生姜をうまく使えば、中華らしくなることがわかりました。

健康の基本は食事だと思うので、胃腸にもたれず消化に負担をかけないオリーブオイルはとても重宝します。玄米を家庭で精米して、野菜も無農薬のものを食べるようにしていますが、そうした素材の味そのものを引き立ててくれる油だと感じています。

心の健康を保つこと――「外相整わば内相自ら熟す」

食事とともに気をつけているのが、日常的な運動と、心の健康を保つことです。週に2回、加圧トレーニングとジムに行くほか、仕事で移動するときも1駅ぐらいならタクシーなどを使わず、なるべく歩くようにしています。

精神面では、常に楽観的であると同時に、人に対して心をオープンにして、ウラとオモテを使い分けないことを心がけています。

私は会社や事務所に所属していないので、いろいろな仕事の連絡や調整もすべて自分で行っています。仕事をするなかで生じた疑問については、「こんなことを聞いたら恥ずかしいかな」などと溜め込まずに、必ず早めに聞くようにしています。後になって「本当はこんなことを言いたかった」という思いを、なるべく残さないようにしたいからです。

「誰かのせいで物事がうまくいかない」というような被害者的な感情を持っていると、

物事は上手くいきませんし、自分の気持ち的にも後々まで引きずります。

常に「口角を上げる」のも、日頃から意識して行っていることです。年齢を重ねると、どうしても重力に負けて顔やあちこちのお肌もたるんできます（笑）。そこでキュッと意識して口角を上げ、微笑みを保つようにしていると、気持ちが前向きになっていく気がするのです。

森田療法という神経症の治療法では、「外相整わば内相自ら熟す」という言葉がよく言われます。30代のときに知った言葉なのですが、これは「心（内）を穏やかに明るく保ちたいならば、自分の外側を整えることが大切である」という意味です。この考え方を日常生活で実践する上で、いちばん簡単なのが、口角を上げることだと感じています。

日頃、どんな言葉を使っているかによっても、自分の心のなかは変化していきます。たくさんネガティブな言葉を使っていると、必ず心もネガティブになっていきますが、ポジティブな言葉を意識して多用していると、自然と心も前向きとなり、やる気が出てきます。

人と会話しているときも、「でも」や「だって」といった否定から入るのではなく、「そうだよね」「わかる」といったように、肯定的に話を進めたほうが気分よくいられます。

仕事のメールで、たとえ条件的に受けられない案件であっても、「できません」「それは無理です」といったようにきっぱり断るのではなく、「すごく残念なのですが、こういうわけでお引き受けするのが厳しい状況です」といったように、文章の否定的なニュアンスを減らすようにしています。それは相手に対して悪い印象を残したくないというより、自分自身が否定の言葉を発したくないのが理由です。テレビや新聞で世の中のニュースを見るときも、なるべく起きている出来事の良い面を見るように心がけています。

心の態度で教えられることが多いと感じているのが、始めて9年目になる「俳句」です。俳句歴の長い人から教えられたのが、「俳句には『あいにく』という言葉がない」ということです。

例えば春先にみんなで集まって、桜の句を詠みましょうと予定していたのに、当日、雨が降ってきたとします。ふつうは「あいにくの雨ですね」と思いますが、俳句を詠む人は、「雨が降ったら、雨の桜を詠めばいい」と考えるのだそうです。

起きたことをそのまま肯定的に受け止め、五・七・五の言葉にするわけです。つくった俳句が、ときには自分の意図とぜんぜん違う解釈をされるときもあります。そのときも「私はそんなつもりでつくったのではありません」と否定するのではなく、自分の句の世界を広げてくれたと肯定的に受け取る。それが俳句の世界だと感じています。

句を通じて、自分の小さな頭のなかを超え、他の人ともつながることができる、すごく良い趣味に出会えたと感じています。
俳句を趣味とするようになってから、毎日少しずつ季節が変化していくことが楽しみになりました。人は誰でも年をとれば、少しずつできないことが増えていきますが、それは仕方がありません。移り変わる季節を迎えに行くように、日々の自分の変化も楽しみながら、これからも人生を歩んでいきたいと思っています。

きしもと・ようこ　エッセイスト。1961年神奈川県生まれ。大学卒業後、会社勤務、中国留学を経て、執筆活動に入る。食や暮らしのスタイルの提案を含む生活エッセイや、旅を題材にしたエッセイを多く発表。同世代の女性を中心に支持を得ている。著書に『ひとり上手』、『週末介護』ほか。http://kishimotoyoko.jp/

小豆島ヘルシーランドの紹介

ジ・オリーヴオイルシリーズへの想い

小豆島ヘルシーランド株式会社代表取締役社長
柳生敏宏

オリーヴから生まれた美容オイル

何千年ものあいだ愛されてきたオリーヴの良さをそのままお届けしたい。余計なものを加えず、何も引くこともなく、天然オリーヴの恵みをまるごといかしたスキンケア。それがジ・オリーヴオイルシリーズです。

ジ・オリーヴオイルはいまから20年前に生ま

（右上）熟した果実は、1粒ひと粒手摘みされる　（右下）5月下旬から6月上旬にかけてオリーヴは花を咲かせる　（左上）搾油する前の果実を特許技術「乳酸微発酵」で発酵。オリーヴの香りを最大限に引き出すことができる　（左下）柳生敏宏

れました。小豆島の東洋オリーブ株式会社の南さんと、オリーヴを研究されていた笠井さん。そして当社の初代社長、柳生好彦の3人が、文献などを中心に世界中のオリーヴオイルの製造方法を調べるなかで、最高の香りを引き出し、肌の角質層への浸透力が高まる製法を発見しました。

　それが独自の製法「乳酸微発酵」。（37ページ参照）ジ・オリーヴオイルの香りや肌なじみは、余計なものを加えず、オリーヴの恵みを時間をかけてゆっくりと抽出することで生まれたものなのです。

（上）フランスのクレルモン・レロー農家組合のマダム、エレナさん
（下）オーストラリアの農家、マイケルさん

小豆島に続き、オーストラリア産、フランス産のジ・オリーヴオイル誕生

時間をかけて手間をかけてつくられるジ・オリーヴオイル。いまでは小豆島産をはじめ、オーストラリア産美容オイル「ジ・オリーヴオイル A」、フランス産美容オイル「ジ・オリーヴオイル F」、小豆島産夏用美容オイル「ジ・オリーヴオイル S」、和漢植物や赤ぶどうの成分が入った「ジ・オリーヴオイル R」とシリーズが増え、お客様には自分の肌に合わせて、また気分によって使い分けるという楽しみも増えました。

はじめは小豆島産の美容オイルだけをお届けしていました。しかし、小豆島は面積が狭く、

左からオーストラリア産美容オイル「ジ・オリーヴオイルA」、フランス産美容オイル「ジ・オリーヴオイルF」、小豆島産夏用美容オイル「ジ・オリーヴオイルS」、小豆島産美容オイル「ジ・オリーヴオイル」

オリーヴの生産量は限られています。ある年、小豆島に大型台風が上陸し、オリーヴが大打撃を受けました。結果的にその年は充分な数の美容オイルをお届けすることができなかったんです。

そんなとき、お客様から「私は何を使えばいいの？」と会社に電話がありました。

自分たちがつくる美容オイルを楽しみに待っていてくれる人がいる。どうしたらその人たちのもとにきちんと美容オイルを届けることができるだろう。そうして生まれたのが、オーストラリア産とフランス産のジ・オリーヴオイルでした。

日本と季節が逆で、4月に収穫がはじまるオーストラリア産は、テッドさんとマイケルさん親子が自然農法で育てるＦＳ１７種というオリーヴを使っています。日本と同じ頃に収穫されるフランス産は代々ご家族で１００年以上オリーヴを栽培されているクレルモン・レロー農家組合の皆さんが育てているオリヴェールという品種を使用しています。

どちらの農家さんにも自分たちで会いに行き、どんな想いでオリーヴを育て、実際にどんな風にオリーヴを育てているかを確かめ、パートナーになっていただきました。

それから毎年、私たちは現地に赴いて一緒に搾油し、それを航空便で日本に送っています。

１００年付き合える農家さんであること。それがパートナー選びの基準

ものをつくること。そこには人と人の信頼関係が何より大切であると私たちは考えています。それがお客様の毎日に健やかな美しさをお届けするものなら、なおさらです。オーストラリアとフランスの２つの農家さんとは、これから先も１００年変わることなく付き合っていくことができる。信頼できるパートナーです。

オーストラリア産もフランス産も、ジ・オリーヴオイルに使用する品種を決定するまで、何十種類ものオリーヴを５００キロ単位で幾度となく試作を繰り返しました。すべては、お客様に自信を持って届けられる美容オイルをつくるための作業です。

そのこだわりは小豆島産夏用美容オイル「ジ・オリーヴオイル Ｓ」開発のときにも発揮されました。

オリーヴに関する研究を重ねるなかで、オリーヴの葉にはポリフェノールが非常に多く含まれていることがわかりました。果実が持つ美容効果に、葉の力も加わった美容オイルを届けることができたら、こんなに幸せなことはないと思いました。

通常、オリーヴの実からオイルを搾油するとき、オリーヴの葉は取り除かれます。しかし、果実と葉の両方の恵みを合わせ持つオイルをつくるために、乳酸微発酵の段階から果実と葉を入れて発酵。そのまま搾油の機械に入れたところ、なんと機械が壊れてしまいました。その後も試行錯誤を繰り返しようやく生まれたそのオイルは、私たちも驚いたほど、ポリフェノールとクロロフィルを豊富に含む高機能な美容オイルでした。

小豆島の自社農園では2300本のオリーヴの木を育てている。オリーヴの実は1粒ひと粒手摘みされる

オリーヴ1本1本の声に耳を傾ける

かつて自社農園をはじめた頃、より多くの人たちにオリーヴオイルを届けようと、ひたすらオリーヴの木を植え、1万本まで増やそうとしました。しかし、木と木のあいだが狭くなったことで、病気になる木や害虫の被害が増えてしまいました。

このままではだめだと気づきました。一から土壌づくりを

（上）　1.5ミクロンという細かいろ紙で1滴1滴、時間をかけて自然ろ過。肌の角質層への浸透力が高まる
（下）　手作業で箱詰めされ、お客様の元へ届けられる

見直し、本数も削減。木の生命力をいかに強くしていくかを考えました。その結果、オリーヴの本数は２３００本になりましたが、１本１本の木がのびのびと育つようになり、収穫量は反対に増えています。

人間のエゴではなく、オリーヴの声に耳を傾ける。その大切さを、身を持って知りました。オリーヴ１本１本の声に耳を傾け、使う人たちの笑顔を思いながら、１滴１滴時間をかけてろ過される美容オイル。その品質は小豆島、オーストラリア、フランスの農家たちがオリーヴたちを見守ってきた時間と愛情によって保証されているのです。

（上）　広大なオーストラリアのオリーヴ農園
（下）　ていねいに選果されるオリーヴの実

本稿は『せとうちスタイル』1号所収の記事「オリーブから生まれた美容オイル」を元に再構成しました。

瀬戸内・小豆島

小豆島ヘルシーランド株式会社

代表取締役社長　柳生敏宏
香川県小豆郡土庄町甲2721-1
tel：0879-62-7111
http://shl-olive.co.jp
https://www.healthyolive.com
ご注文・お問い合わせは 0120-433-111

価格はすべて税込みです。

ジ・オリーヴオイル F（フランス産）
30mL（約3カ月分）8,640円、5mL 1,728円

南フランス クレルモン・レローの契約農家で育てられた果実をていねいに搾油。森を思わせる深みのある香りで肌をしっとりやさしく保湿します。

ジ・オリーヴオイル（小豆島産）
30mL（約3カ月分）8,640円、5mL 1,728円

小豆島の自社農園で大切に育てられたオリーヴの実からじっくり時間をかけて搾った希少な美容オイル。甘くてフルーティな香りで、肌になめらかになじみます。

ジ・オリーヴオイル A（オーストラリア産）
30mL（約3カ月分）8,640円、5mL 1,728円

徹底した自然農法のもと育てられたオーストラリア産のオリーヴから生まれたオイル。フレッシュな香りが広がり、べたつかずさらりとした使い心地も魅力です。

ジ・オリーヴオイル S（小豆島産）
30mL（約3カ月分）10,800円

すっと消えるようなさらりとした肌なじみの良さに、草原をわたる風の香りが魅力的な美容オイル。表面はさらさらなのに輝きのあるみずみずしいお肌が長続きします。

ジ・オリーヴオイル R（小豆島産）
30mL（約3カ月分）10,800円

小豆島のオリーヴ果実を赤ぶどうと一緒に漬け込み、さらに紫根を加えて搾油。美しい紅色が特徴の美容オイルです。乾燥によってくすんで見えるお肌にうるおいを与えます。

ジ・オリーヴオイル SA（オーストラリア産）
30mL（約3カ月分）10,800円

さらりと肌にすばやくなじみ、みずみずしい若草のような香りが魅力の美容オイルです。宝石のエメラルドのような美しい色は、見ているだけでぜいたくな気持ちになります。

ザ・ソープ

110g 2,160円、30g 648円

上質のエキストラバージンオリーヴオイルを51%（※1）も配合し、昔ながらの職人技でつくられた無添加洗顔石けん。うるおいを守って、さっぱり洗います。※1 植物油脂中

ジ・エッセンスウォーター

130mL 6,480円、20mL 1,296円

オリーヴ果実のエキスを50%も配合。さらに、オリーヴの葉・枝エキス、ヒアルロン酸、植物コラーゲンなど、保湿成分がたっぷり含まれたうるおい化粧水。パラベンフリーを実現。

ザ・クレンジングオイル

200mL 3,240円

肌に負担をかけにくく、メイクにすばやくなじむクレンジングオイル。肌のうるおいはそのままに、毛穴の奥の汚れまでしっかり浮かせて、落とします。

ザ・リップクリーム

2.3g 2,160円

皮脂分泌がなく、とくに乾きやすい唇に。エキストラバージンオリーヴオイルを70%、さらに天然保湿成分も配合したリップクリーム。乾燥から守り、しっとり保ちます。

ザ・UVプロテクター
オークル（ナチュラルな肌色）

30g 4,320円

オリーヴオイルと天然由来の紫外線防止成分で、肌に負担をかけにくく、UV-A波、B波ともに防ぐ美容下地 UVケアクリーム。肌に自然になじみ、乾燥からも守ります。

ザ・UVプロテクター
ホワイトベージュ（明るい肌色）

30g 4,320円

ザ・シャンプー

350mL 3,240円

クリーミーな泡立ちで髪にやさしく、毛穴の汚れまですっきり洗って、頭皮を引き締めるノンシリコンのシャンプー。オリーヴの花の香りです。

ザ・トリートメント

250g 3,240円

オリーヴをはじめとした天然のうるおい成分が、いたんだ髪の奥まで浸透し、1本1本を補修してくれるトリートメント。しっとりつやのある、なめらかな仕上がりです。

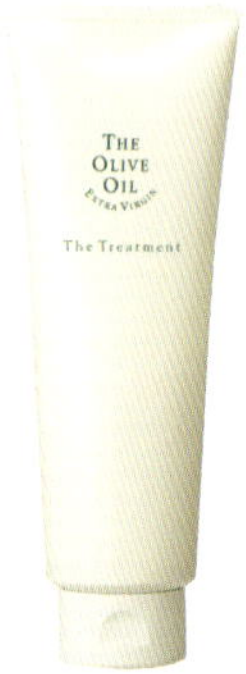

ザ・ハンドエッセンス

40g 2,592円

ガサガサになりがちな手肌を保湿し、しっとりさせる手肌のための美容液。オリーヴオイルや海藻・植物由来成分が肌をバリアしてサポート。べとつかず、こまめに使うことができます。

オリーヴリーフ・エキストラクト　ドリンク

500mL 5,965円

自然農法で育てられたオリーヴの葉を朝摘みし、新鮮なうちにエキスを抽出しました。オリーヴの葉には、天然ポリフェノール「オレウロペイン」が豊富です。

オリーヴリーフ×コラーゲン

30mL×10瓶 3,780円

オリーヴ葉エキスにフィッシュコラーゲンをはじめとする数種類の美容成分を配合したドリンクです。飲み続けやすいミックスフルーツ味で、1日1瓶気軽に飲むことができます。

オリーヴ健康酒の命《みこと》-mikoto-

600mL 10,800円

オリーヴの実・枝・葉を、冬虫夏草など8種類の和漢素材、2種類のハーブとともに十月十日じっくり漬け込みました。女性の、よりすこやかな毎日のための和漢ハーブ酒です。

magokoro
OLIVE WOOD

magokoroベンチ
約120cm×50cm×40cm（天板3.5cm厚）
140,400円

木目の美しいオリーヴの樹を大胆に切り出してつくったベンチです。インテリア性が高く、リビングテーブルやダイニングテーブルとのセット使いに。

magokoroダイニングテーブル
約150cm×50〜70cm×70cm（天板3.5cm厚）
248,400円

オリーヴの樹の最大の特徴といえる美しい木目が自慢のテーブル。あえてオリーヴ樹そのままの形を残したユニークな形の天板は、生命力を感じさせてくれます。

magokoroリビングテーブル
約90cm×50cm×40cm（天板3.5cm厚）
140,400円

複雑で温かい木目を持つオリーヴ樹を天板に使用した、存在感のあるリビングテーブル。樹齢300年のオリーヴ樹が生み出す独特の木目が空間を美しく演出。

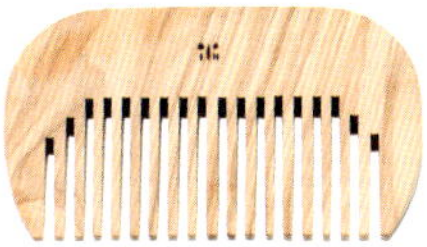

magokoroコーム
約10cm×6cm×0.7cm　3,240円

しなやかで丈夫なオリーヴ木材のなかで、最もくしにふさわしい部分を厳選。オリーヴオイルを染み込ませて使うことで髪の先までうるおいを届けてくれます。

magokoro一輪挿し
S（写真右）約5cm角×11cm　3,024円
M（写真左）約5cm角×25cm　3,996円

オリーヴ樹の複雑で美しい木目をいかすため、シンプルなデザインにこだわった一輪挿しです。活ける草花にぬくもりと存在感を与えてくれます。

magokoroディッシュプレート（皿）
直径約17cm×3cm　3,240円

オリーヴ樹から削り上げた、温かな雰囲気のお皿です。硬質で扱いが難しいとされるオリーヴ木材を職人がていねいに加工し、木目の映える美しいフォルムに。

magokoroボウル
直径 約17cm×5cm　3,888円

オリーヴ樹の塊から削り上げたボウルです。サラダボウルとして使える大きさですので、特徴あるオリーヴの温かい木目が食卓を華やかに彩ります。

magokoroレスト（箸置き）
約1cm角×6.5cm ペア　648円

小さいながら、オリーヴの木目の魅力をじっくり楽しめる箸置きです。食卓にそっと添えるオリーヴの温かな木目が、団らんのひとときを彩ります。

magokoroカッティングボード
約30cm×20cm×2.5cm 6,480円

樹齢100年以上のオリーヴ樹を使用したまな板。ナチュラルで温かみある木目のまな板は、肉やチーズを切り、そのまま食卓へ並べても見劣りしません。

参考文献

有元葉子、横山淳一『こんなにおいしくていいの!?――医師と料理家がすすめる 糖尿病レシピ』（筑摩書房、2011年）

モートン・ウォーカー『医者も知らない オリーブ葉エキスの力』（今村光一訳、中央アート出版社、2011年）

小林ひろ美『お肌の悩みオール解決！――小林ひろ美のすべてがつまった美肌図鑑』（ワニブックス、2011年）

小林ひろ美『小林ひろ美の10秒美肌マジック』（青春出版社、2011年）

小林ひろ美『小林ひろ美の1日中どこでも 24時間美容――すべての行動が美に変わる、効果倍増メソッド100』（ワニブックス、2013年）

佐藤富雄『キレイをつくる地中海ダイエット』（青春出版社、2001年）

ベルナール・ジャコト『オリーヴの本――地中海からの美と健康の贈り物』（小林淳夫訳、河出書房新社、1994年）

長友姫世『オリーブオイル・ガイドブック』（新潮社、2014年）

服部津貴子、川路 妙『オリーブオイル おいしい食卓――家庭でつくれる至福レシピ86』（主婦と生活社、1997年）

松生恒夫監修『オリーブオイルで「腸」がきれいになる健康になる！』（学研プラス、2014年）

松生恒夫、鈴木俊久『オリーブオイル・ハンドブック』（朝日新聞出版、2014年）

松生恒夫『オリーブオイルで老いない体をつくる』（平凡社 、2016年）

トム・ミューラー『エキストラバージンの嘘と真実――スキャンダルにまみれたオリーブオイルの世界』（実川元子訳、日経BP社、2012年）

YUKIE『読むオイル事典――ココナッツオイルからエゴマオイルまで！自分に合ったオイルが必ず見つかる、選べる』（主婦の友社、2016年）

YUKIE『新訂オイルの教科書』（主婦の友社、2017年）

吉弘香苗『なぜ、効く？　ギリシャのオリーブオイル』（ジャパンプランニングアソシエーション、2001年）

横山淳一、ダニエラ・オージック『南イタリアの美味と健康にあふれた食事――地中海型食事の原点』（保健同人社 、2009年）

横山淳一『炭水化物を食べながらやせられる！――地中海式 世界最強の健康ダイエット』（SBクリエイティブ、2014年）

ファブリーツィア・ランツァ『オリーブの歴史』（伊藤綺訳、原書房、2016年）

編著者プロフィール

小豆島ヘルシーランド株式会社

1985（昭和60）年10月19日、松下電器産業株式会社の元会長である高橋荒太郎翁と共に設立。瀬戸内・小豆島において、農園でのオリーヴ栽培から、製造加工、商品開発、通信販売までを行う。またオリーヴ健康科学研究所を設立し、オリーヴのすべての部位の研究開発に取り組み、生命の樹オリーヴを究めて世界中の人びとの心と体をさらに健康にさせていただきたいという想いから事業活動を展開している。300年続く森を目指して創生活動を行う「オリーヴの森」には、樹齢千年のオリーヴ大樹が鎮座している。

オリーヴのすごい力

健康をもたらす、生命の樹オリーヴ8000年パワー

2017年10月17日　初版第一刷発行

編著者　小豆島ヘルシーランド株式会社

発行人　柳生敏宏
発売人　須鼻美緒
発行　小豆島ヘルシーランド株式会社
〒761-4113 香川県小豆郡土庄町甲2721-1
電話 0879-62-7111（代） FAX 0879-62-6114
発売　株式会社　瀬戸内人
〒760-0013 香川県高松市扇町2-6-5 YB07・TERRSA大坂4F
電話／FAX 087-823-0099

編集　須鼻美緒、淺野卓夫
編集アシスタント　世戸勝徳
協力　永井哲生、柏山美佳

取材・構成　大越裕
調理・スタイリング　藤田幸司
撮影　宮脇慎太郎（カバー）、菅武志（p.54、60上下、62）、
牧浦知子（p.63、108-117、118上）
イラスト　中井敦子
校正　瀬尾裕明
装幀　納谷衣美
印刷製本　株式会社シナノ

ISBN978-4-908875-05-2